16	3	2	13
5	10	11	8
9	6	7	12
4	15	14	1

José Ramos Tinhorão

MÚSICA POPULAR:
DO GRAMOFONE
AO RÁDIO E TV

2ª edição revista

editora■34

EDITORA 34

Editora 34 Ltda.
Rua Hungria, 592 Jardim Europa CEP 01455-000
São Paulo - SP Brasil Tel/Fax (11) 3811-6777 www.editora34.com.br

Copyright © Editora 34 Ltda., 2014
Música popular: do gramofone ao rádio e TV
© José Ramos Tinhorão, 2014

A FOTOCÓPIA DE QUALQUER FOLHA DESTE LIVRO É ILEGAL E CONFIGURA UMA
APROPRIAÇÃO INDEVIDA DOS DIREITOS INTELECTUAIS E PATRIMONIAIS DO AUTOR.

A Editora 34 agradece ao Instituto Moreira Salles
pela cessão dos arquivos digitais das imagens reproduzidas neste livro.

Créditos das imagens:
Coleção José Ramos Tinhorão / Acervo Instituto Moreira Salles
(fotógrafo não identificado, pp. 17, 19, 29a, 29b, 31, 39a, 39b,
39c, 61, 73a, 73b, 76, 77, 85, 97, 103a, 103b, 109, 124, 145, 163,
188, 223, 231; *Nicolau Leite, pp.* 93a, 93b, 235; *Kojima, p.* 98;
Paulo Salomão, 251a, 251b)
Reprodução (pp. 21a, 21b, 47)

Capa, projeto gráfico e editoração eletrônica:
Bracher & Malta Produção Gráfica

Revisão:
Beatriz de Freitas Moreira

1ª Edição - 1981 (Editora Ática), 2ª Edição - 2014

CIP - Brasil. Catalogação-na-Fonte
(Sindicato Nacional dos Editores de Livros, RJ, Brasil)

	Tinhorão, José Ramos, 1928
T492m	Música popular: do gramofone ao
	rádio e TV / José Ramos Tinhorão. —
	São Paulo: Editora 34, 2014 (2ª Edição).
	272 p.

ISBN 978-85-7326-587-3

1. Música popular - História e crítica.
2. Gravações sonoras - Indústria e comércio - Brasil.
3. Rádio - Brasil. 4. Televisão - Brasil. I. Título.

CDD - 780.9

MÚSICA POPULAR:
DO GRAMOFONE AO RÁDIO E TV

Nota à 2ª edição.. 7

1. Introdução... 9

A CONQUISTA DO SOM
2. O cilindro e o disco no Brasil.................................... 13

A ERA DO RÁDIO
3. O início improvisado da radiodifusão...................... 43
4. Primeiros estúdios: o tempo dos aquários................ 63
5. Os programas de calouros: o povo no palco............. 79
6. O fenômeno dos auditórios: o povo na plateia......... 89
7. Os grandes programas de auditório......................... 99
8. A reação (elitista) aos auditórios............................. 117
9. Os anúncios cantados e os *jingles* 125
10. O rádio como tema de música popular.................... 149
11. Programas e nomes famosos na música popular....... 189

A PRESENÇA DA TELEVISÃO
12. O aparecimento da TV: o povo fora do ar................ 217
13. Os festivais de televisão: a classe média na plateia.... 243

Referências bibliográficas.. 263

NOTA À 2ª EDIÇÃO

O acelerado avanço da tecnologia na área de criação e aperfeiçoamento de aparelhos eletroeletrônicos e digitais dirigidos à produção e reprodução de sons e imagens veio transformar, com as novas possibilidades de seus aplicativos, o que era, por exemplo, um simples telefone celular, num multi-instrumento de recepção e comunicação audiovisual.

Para a crônica da evolução dos meios de comunicação desde o fim do século XIX, em sua relação com o público a que se dirigia — que era principalmente a gente da cidade transformada em consumidora de bens culturais massificados —, esse avanço estava destinado a uma consequência inesperada: o que até aí constituía história, só cabia agora ser visto como pré-história.

Pouco mais de três décadas após seu lançamento, este livro, que representava à época uma primeira notícia sobre as relações da tecnologia com os modernos meios de divulgação de sons e imagens da era industrial, parece comprovar essa verdade. Em seu percurso de pouco mais de 100 anos, os fatos que mostram a origem das gravações sonoras em discos, a transmissão de seus sons pelo rádio e a divulgação de suas imagens pela TV, revelam-se realmente aos olhos de hoje tão distantes, que apenas um recuo na História como o deste livro os consegue recuperar.

José Ramos Tinhorão

1.
INTRODUÇÃO

A conhecida despreocupação com os documentos, no Brasil, torna dificílimo a qualquer um escrever a história de fatos recentes, principalmente na área da vida e cultura popular das cidades. Grande parte das informações, quando não estão ainda na memória de velhos pioneiros das mais diferentes atividades (e que é sempre necessário consultar), estão em coleções de jornais que nunca se acham completas numa mesma biblioteca, em revistas que ninguém lembrou de guardar, em publicações de tipo cordel urbano transformadas em raridades, ou em fotografias e discos antigos que alguns particulares conservam como preciosidades, sem dar notícia de sua existência aos possíveis pesquisadores.

Foram dificuldades desse tipo que o autor encontrou para levantar esta primeira notícia em torno das relações da música popular urbana com os meios tecnológicos de gravação (o cilindro e o disco), de difusão de sons a distância (o rádio) e, finalmente, de imagem e som (a televisão) no Brasil.

Embora em nível de pesquisa primária — o que se deve admitir por tratar-se de trabalho pioneiro —, o autor acredita ter reunido material suficiente para as primeiras conclusões de caráter sociocultural, entre as quais uma sobressai por suas implicações: à maneira que as formas tecnológicas de comunicação se sofisticam, o povo vai deixando cada vez mais de estar representado nelas.

Neste sentido, o autor acredita que o quadro das relações entre a cultura e a vida popular e os meios de gravação e difusão de sons e imagens, esboçado no presente livro, serve para chamar a atenção geral para um problema que começa a ganhar forma, de maneira ainda impressentida: a concentração capitalista na área da indústria do lazer.

De fato, enquanto elaborava o presente livro, durante os anos de 1976 e 1977, o autor acompanhava pelos jornais e televisões a compra do passe do jogador Pelé pelo New York Cosmos, time de futebol de propriedade da mesma empresa Warner Corporation que, no Brasil, lançava a gravadora WEA Discos Ltda. ("Uma companhia do grupo Warner Communications"), logo responsável pelo lançamento nacional de cantores de sucesso. Pois ao terminar o trabalho, em inícios de 1978, um jornal noticiava que, nos Estados Unidos, outra empresa cinematográfica, a 20th Century Fox, comprara por 48,6 milhões de dólares a mais famosa estação de esqui daquele país, na cidade de Aspen. Ora, a 20th Century Fox, como todos sabem, era a mesma empresa de Hollywood responsável pelo filme *Guerra nas estrelas*, que até aquele momento, fevereiro de 1978, já havia faturado quase 200 milhões de dólares de bilheteria em dezenas de países, inclusive o Brasil.

Assim, como o próprio jornal que publicava tal telegrama, *O Estado de S. Paulo*, de 11/2/1978, reportava-se também ao festival do disco do Midem, em Cannes, na França, anunciando que a indústria musical fatura, apenas nos Estados Unidos, 20 bilhões de dólares por ano (Japão 750 milhões, Alemanha Ocidental mais de 700 milhões e Inglaterra 600 milhões), não há dúvida de que há, aí, matéria para pensar.

Na verdade, talvez esteja neste ponto a maior importância e oportunidade deste livro, que o autor entrega agora ao julgamento dos seus leitores, ou seja, o da compreensão — pela informação histórica — de como se vem processando nos últimos 100 anos, desde o surgimento da gravação de sons, em 1878, esse lento, silencioso, mas inexorável processo de controle do poder de criação e de necessidade de lazer do povo das cidades pela máquina industrial manipulada pela minoria dos que detêm os meios de produção.

A CONQUISTA DO SOM

2.
O CILINDRO E O DISCO NO BRASIL

A possibilidade de captar sons e prendê-los em um invólucro material — o que foi antevisto no século XVI por Rabelais em seu *Pantagruel*, na cena em que os passageiros de um navio ouvem gritos e palavras congelados desde o inverno anterior, ao derreterem entre as mãos as pedras de gelo em que aqueles sons ficaram gravados[1] — veio a tornar-se realidade em fins do século XIX ante um espanto nada menor do que aquele que teriam experimentado trezentos anos antes os personagens do burlesco autor francês.

---

[1] Rabelais, *Pantagruel*, em *Oeuvres de F. Rabelais*, anotadas pelo bibliófilo L. Jacob, Paris, Charpentier Libraire-Éditeur, 1845, liv. IV, cap. LV--LVI, pp. 429-32. Pantagruel é quem faz a descoberta dizendo: "Compaignons, oyez vous rien? Me semble que ie oy quelques jens parlans en l'aer; ie n'y voy toutesfoys personne. Escoutez". Estabelecido o pânico, Pantagruel lembra que o grego Antífanes já se referira a locais tão frios que as palavras gelavam antes de poderem ser ouvidas (citado por Plutarco em *Como se pode avaliar os resultados do exercício da virtude*), e o piloto do barco restabelece a calma esclarecendo que os sons ouvidos são os de uma batalha travada naquele mar glacial no ano anterior, quando "gelarent en l'aer les parolles et cris des hommes et femmes". Ao serem então degelados punhados de palavras em pedras, conta Rabelais ter sido possível ouvir inclusive sons musicais: "depois ouvimos outras maiores que, ao degelarem, libertaram uns sons de tambores e pífaros, outras de clarins e trombetas. E podem crer que nos divertimos um bocado" (tradução do autor). Em uma de suas eruditas notas de pé de página, L. Jacob lembra, aliás, que Rabelais inspirara-se para a história das "palavras geladas" no livro *O cortesão*, de Baldassare Castiglione (cuja tradução francesa aparecera em 1539), e nos *Apólogos de Caelius Calcagninus*, publicados em 1544.

No dia 11 de março de 1878, quando Puskas, o concessionário da patente do fonógrafo de Edison, gravou perante a Academia de Ciências de Paris a frase "O fonógrafo tem a honra de ser apresentado à Academia de Ciências", e, em seguida, fez o cilindro girar repetindo essas palavras, um acadêmico de nome Bouillaud levantou-se em protesto e acusou o representante do inventor americano de ventriloquismo.

Hoje, mais de um século passado desse primeiro momento de espanto, a aceleração do progresso tecnológico faz a intervenção do acadêmico Bouillaud parecer cômica, mas as desconfianças se justificavam, numa época em que o máximo de desenvolvimento atingido na produção mecânica de sons eram as caixinhas de música, baseadas na bisonha vibração de lâminas de aço.

Muito significativamente — e embora o próprio Edison previsse que os fonógrafos seriam úteis aos empresários para ditar cartas comerciais e às crianças para aprenderem a ler —, ia ser no campo da música popular que as gravações em cilindros e discos estavam destinadas a provocar a maior revolução. Na Europa, por aquele fim do século, morriam os últimos sons dos gêneros de dança vindos dos antigos salões aristocráticos — como as valsas e as mazurcas — ou surgidos contemporaneamente ao advento da moderna burguesia — como as *schottisches*, as polcas e as quadrilhas — e das Américas não tardariam a chegar as novidades do *jazz*, do *one-step*, do tango e do maxixe. Pois ia caber exatamente aos fonógrafos não apenas guardar a memória daqueles gêneros em extinção, mas documentar o surgimento dessa música de uma nova era.

No Brasil, o aparecimento das então chamadas máquinas falantes, primeiro usando cilindros, e mais tarde discos de 76 rotações por minuto, verificou-se em um momento precioso: praticamente contemporâneo da abolição do regime escravo, foi o novo invento que permitiu a coleta providencial de exemplos de alguns gêneros musicais ligados à cultura negro-brasileira, como o lundu e os batuques, os quais certamente ficariam sem registro, não fora a oportunidade histórica da criação do processo de gravar sons.

A acreditar no estudioso de costumes urbanos gaúchos Atos Damasceno, autor de importante pesquisa sobre a vida teatral no Sul, a mais antiga demonstração das virtudes do fonógrafo no Brasil aconteceu em 1879, em Porto Alegre, dois anos apenas depois da construção do primeiro aparelho pelo seu criador, Thomas Alva Edison, no longínquo laboratório de Menlo Park, em Orange, no Estado norte-americano de New Jersey.

Em seu livro *Palco, salão e picadeiro*, historiando a vida artística porto-alegrense no século XIX, Atos Damasceno escreve sobre os acontecimentos teatrais do segundo semestre de 1879:

> "Ao lado das Sociedades Dramáticas, que, como se viu, se assanhavam, surge-nos aqui o cavalheiro Eduardo Perris que, hospedando-se no Hotel Lagache, faz a exibição de uma prodigiosa máquina falante, destinada a guardar o som por muitos anos e reproduzindo a voz de cada pessoa com absoluta nitidez e timbre. A máquina tem o nome de fonógrafo e é a mais recente invenção do já famoso eletricista americano Sr. Edison."[2]

Segundo alguns pormenores fornecidos pelo pesquisador gaúcho, o fonógrafo exibido por Eduardo Perris devia ser, de fato, uma cópia do primeiro aparelho construído pelo mecânico John Kruesi sob orientação de Edison, e que era constituído essencialmente por um cilindro de couro recoberto por uma folha de estanho, montado sobre um eixo horizontal provido de manivela em uma das extremidades, a qual, ao ser acionada, permitia

---

[2] Atos Damasceno, *Palco, salão e picadeiro*, Porto Alegre, Globo, 1956, v. 11, p. 181 (Coleção Província).

O cilindro e o disco no Brasil

à agulha ligada a um diafragma ir riscando a superfície do estanho, conforme a vibração provocada pelas ondas sonoras.

Após afirmar que "dentro de pouco tempo o maravilhoso invento chegaria a tal perfeição que ninguém mais precisaria ir a teatros escutar orquestras e cantores, porque qualquer um poderia ter dentro de sua própria casa todas essas altas manifestações da arte", o representante de Edison citado por Atos Damasceno fazia referência indireta à desvantagem inicial do cilindro fixo, prevendo "cilindros portáteis que se adaptariam ao aparelho de Edison, com facilidade e economia".[3]

Esse aperfeiçoamento, apesar de assim antecipado pelo próprio demonstrador do aparelho em 1879, só viria a ser efetivado nove anos mais tarde, em 1888, e não por Edison, mas por seu mecânico Charles Sumner Tainter, que idealizou os cilindros ocos de papelão recobertos de cera, os quais, encaixando-se no cilindro montado sobre a haste giratória, podiam ser facilmente colocados e retirados sem causar danos aos sulcos gravados na superfície.

Esse novo aparelho, provido de cilindros de 15 centímetros e intitulado *grafofone* (para não ferir a patente de Edison, registrada com o nome de *fonógrafo*), ia estimular a criatividade do inventor norte-americano, que já em 1889 poderia apresentar na Exposição Universal de Paris outro modelo do seu fonógrafo. E era esse novo modelo mais avançado de Edison que estava destinado a causar a segunda grande admiração dos brasileiros: a de D. Pedro II, de sua filha Princesa Isabel e do genro, Conde D'Eu, no dia 9 de novembro de 1889, e dos Príncipes do Grão-Pará e D. Augusto dois dias depois, no Palácio Isabel, nas Laranjeiras, no Rio de Janeiro.

Em seu livro *Panorama da música popular brasileira*, o estudioso Ary Vasconcelos, após identificar o apresentador do novo modelo de fonógrafo de Edison como sendo o Comendador

---

[3] *Id.*, *ibid.*, p. 181.

Thomas Alva Edison ao lado de seu segundo modelo de
fonógrafo, construído em 1878 no laboratório de Menlo Park,
em Orange, no Estado norte-americano de New Jersey.
Obra do mecânico John Kruesi, orientado por Edison,
o aparelho tinha agulha acoplada a um diafragma fixo,
e era o cilindro que avançava, da direita para a esquerda,
movido por um eixo sem fim acionado a manivela.

Carlos Monteiro e Souza (conhecido de Edison desde 1884), realizou o levantamento das pessoas presentes às duas sessões de gravação realizadas pelo comendador, e concluiu:

"Vimos, assim, que os primeiros a ter sua voz reproduzida no Brasil foram o Visconde de Cavalcante, o Conde de Villeneuve, o Sr. Sant'Ana Neri, o Dr. Charcot, Sra. Charcot, o Barão de Marajó, senador Pereira da Silva, Marechal Âncora, D. Pedro II, a

Princesa Isabel, o Conde D'Eu e o Príncipe D. Pedro Augusto."[4]

Por um descuido na leitura das informações recolhidas, no entanto, Ary Vasconcelos deixou de ressaltar uma prioridade muito importante para a história das gravações no Brasil: como a notícia do *Jornal do Comércio*, de 13 de novembro de 1889, revela que "o Príncipe do Grão-Pará falou e o Príncipe D. Augusto solfejou", a este neto mais moço do Imperador D. Pedro II deve ser creditado o título de primeiro brasileiro a ter a voz gravada, cantando.

Quanto ao aparelho que causava tanta admiração, o fato de a *Revista Illustrada*, de 16 de novembro de 1889, apontar o Comendador Carlos Monteiro e Souza como o personagem "incumbido pelo Sr. Edison" para "fazer interessantes demonstrações com o fonógrafo" na Exposição de Paris, deixa claro que a máquina trazida ao Brasil nos últimos dias do Império era a mesma que o inventor construíra em Menlo Park para exibir na França.[5]

Esse aparelho — o primeiro a ter patentes exploradas comercialmente nos Estados Unidos e na Inglaterra por Edison, e é o mesmo que aparece em foto na *Revista Illustrada* — incorporava a ideia dos cilindros de cera removíveis, de Charles Tainter (com tamanho diminuído de 15 para 10 centímetros), acrescentando algumas novidades: agora, não era mais o cilindro fixo que

---

[4] Ary Vasconcelos, *Panorama da música popular brasileira*, São Paulo, Livraria Martins Editora, 1964, v. I, p. 12.

[5] Em seu livro *Panorama da música popular brasileira*, de 1964, Ary Vasconcelos citava equivocadamente o número da *Revista Illustrada* de 2 de novembro, quando a informação e o desenho encontram-se no número datado do dia seguinte à Proclamação da República. O engano foi corrigido pelo próprio autor em 1977, no seu livro *Raízes da música popular brasileira (1500-1889)*, São Paulo/Rio de Janeiro, Livraria Martins Editora/MEC, primeiro volume com que amplia aquele seu *Panorama*.

18   A conquista do som

Carlos Monteiro e Souza, o representante brasileiro de Edison que, uma semana antes da Proclamação da República, apresentou ao Imperador D. Pedro II, no Palácio Isabel, nas Laranjeiras, Rio de Janeiro, o novo modelo de fonógrafo aperfeiçoado com base na inovação dos cilindros removíveis, introduzida em 1888 pelo mecânico Charles Sumner Tainter, nos Estados Unidos. Desenho publicado na *Revista Illustrada*, Rio de Janeiro, de 15 de novembro de 1889.

se deslocava no eixo sem fim movido pela manivela, e sim o diafragma acoplado sobre ele, e a audição dos fonogramas podia ser melhorada com o uso de dois tubos acústicos ligados a pequenas ampolas de vidro a serem encostadas nas orelhas, a título de fones.[6]

---

[6] Todos os pormenores técnicos sobre a evolução técnica no campo dos primeiros fonógrafos podem ser encontrados na excelente obra do francês P. Hémardinquer, *Le phonographe et ses merveilleux progrès*, prefácio de Louis Lumière, Paris, Masson & Cie. Éditeurs, 1930.

Após esse lançamento de certa maneira oficial e nobre do fonógrafo de Edison, no Rio de Janeiro, a invenção ia seguir a tendência burguesa da República proclamada dois dias depois da alegre gravação das últimas vozes imperiais, e, de norte a sul do país, começaram a aparecer verdadeiros camelôs da novidade, oferecendo à curiosidade do público das cidades o espetáculo quase mágico da conquista técnica de Edison e seus auxiliares.

O primeiro, mais obstinado e, em pouco tempo, mais bem-sucedido de todos os pioneiros propagandistas das máquinas falantes, foi o tchecoslovaco de origem judaica Frederico Figner. Nascido em Milevsko u Tabor, na então Boêmia, em 2 de dezembro de 1866, Fred Figner — como seria mais conhecido — deixou a Tchecoslováquia aos 15 anos de idade imigrando para os Estados Unidos, onde a necessidade de sobreviver o obrigou a trabalhar desde aprendiz de relojoeiro e ourivesaria, ainda muito jovem, até cozinheiro e guarda-freios de estrada de ferro, já na maioridade. Quando em 1891, com o nascimento da indústria de rolos de cilindro, os aparelhos de gravação deixam de ser uma curiosidade, para se transformarem, de fato, em artigo comercial (e Edison já tinha um rival no germano-americano Emile Berliner, futuro inventor do disco), Frederico Figner comprou um fonógrafo e um certo número de rolos de cera, e passou a exibi-lo pelas Américas. De volta aos Estados Unidos, ouviu falar do Brasil, e resolveu partir de Nova Orleans para uma aventura: a conquista do virgem mercado dos cilindros no país desconhecido.

Segundo informação de sua filha Leontina, Frederico Figner começou sua peregrinação de propagandista do fonógrafo pela cidade de Belém, no Pará, onde desembarcou em fins de 1891, hospedando-se no Hotel Central, da Rua João Alfredo. Como o aparelho tinha a atração de um espetáculo, Fred Figner anunciava apresentações em locais públicos, com entrada paga (a primeira exibição foi na festa do Círio de Nazaré), e diante dos auditórios maravilhados fazia ouvir os cilindros trazidos dos Estados Unidos com as vozes "dos principais artistas do mundo".

Retrato de Frederico Figner (1866-1947) e um anúncio da Casa Edison publicado no Anuário Brasileiro Comercial, de A. Hénault, Rio de Janeiro, em 1909.

Dentro do roteiro da companhia de navegação pela qual viajava, o futuro comerciante aproveitou para rendosas exibições da máquina falante, indo de gaiola até Manaus, e em navio do Lloyd a Fortaleza, Paraíba, Natal, Recife e Salvador. Finalmente, a 21 de abril de 1892, desembarcou no Rio de Janeiro.

Naquele fim de século, a rua carioca mais movimentada e mais sofisticada era a do Ouvidor. Pois foi em porta alugada numa galeria dessa rua que Frederico Figner instalou o seu aparelho, efetuando duas sessões diárias de exibição, com *matinê* e *vesperal*, tal como depois se usaria nos teatros e cinemas. E, de fato, os anúncios e cartazes encarregados de dar publicidade aos espetáculos diziam:

> "Nesta cidade, na Rua do Ouvidor, 135, estará em exibição *A máquina que fala*, última invenção, a mais perfeita do célebre Edison. Boa oportunidade para se conhecer um dos inventos mais estranhos e surpreendentes. Esta máquina não só reproduz a voz humana, senão também toda a classe de sons, como canções, óperas, músicas militares.
>
> O dono deste Fonógrafo traz uma coleção de peças musicais, discursos e canções dos principais artistas do mundo, como Adelina Patti, Christina Nilson, Menotti, tomadas diretamente, as quais são reproduzidas por esta maravilhosa máquina. Se exibirá todos os dias, das 12 às 15 horas da tarde, e das 6 às 8 horas da noite. Entrada: 1$000."

Nas cidades onde não era possível encontrar um local público para suas demonstrações, Figner contava sempre com a boa vontade de um particular que lhe franqueava a casa, como aconteceria ainda em 1892 na cidade mineira de São João del-Rei, para onde viajara depois de exibir seu aparelho em Juiz de Fora e Ouro Preto.

Conforme notícia publicada na edição de 26 de maio daquele ano pelo jornal *Pátria Mineira* sob o título "O fonógrafo", "Mr. Figner, portador do prodigioso invento de seu patrício Edison, esteve alguns dias na cidade exibindo as maravilhas da máquina que fala, canta e reproduz fielmente tudo quanto ao pé dela foi pronunciado". E essas demonstrações do fonógrafo — que, aliás, no dizer do redator, parecia "transportar quem o escuta a regiões fantásticas do além-mundo" — foram realizadas "em um compartimento no 1º andar da casa de D. Maria Romeiro em frente à Matriz".[7]

Em pouco tempo essa possibilidade de comercializar a admiração do público das cidades ante a nova conquista da tecnologia fez surgir concorrentes (ou agentes) de Frederico Figner e, já em 1894, aparece em Porto Alegre o "jovem Manuel Ponte", exibindo no Hotel Siglo uma *máquina Figner*, com "belíssimos trechos de música e... eloquentes discursos gravados com absoluta nitidez!".[8]

Tão logo essas *máquinas Figner* se popularizaram — e em 1908 a Sociedade Phonographica Brasileira podia anunciar "gramofones ao alcance do pobre e do rico, desde 25$000, 40$, 50$, 60$, 70$ e 75$" —, sucederam a esses pioneiros demonstradores de fonógrafos os tipos populares ou simples camelôs da novidade. No Recife, em 1898, recém-chegado da Revolta de Canudos,

---

[7] Transcrito por Antônio Guerra em sua *Pequena história de teatro, circo, música e variedades em São João del-Rei, 1717 a 1967*, Juiz de Fora, Edição do autor, 1968, p. 76.

[8] Atos Damasceno, a quem se deve a notícia sobre as exibições de Manuel Ponte, fala ainda de um "fanhoso fonógrafo, cujos discos [sic] giraram incansavelmente, durante um mês, no *Recreio Alhambra*, juntando ali uma verdadeira multidão de curiosos, impressionados com a engenhosa *máquina que falava, ria e cantava como se fosse gente*", em 1894. Tudo indica que o autor gaúcho tenha se referido a discos por engano, pois embora Emile Berliner tenha criado em 1888 o seu sistema de gravação em disco metálico, somente em 1900 surgiu o disco de massa. Porém, se foram discos, mesmo, então o Rio Grande do Sul conta também com a primazia do conhecimento do *fonogravador* de Berliner no Brasil.

O cilindro e o disco no Brasil

o chamado Capitão Zé da Luz passou a ganhar a vida exibindo um fonógrafo de cilindros de cera,[9] e no Rio de Janeiro de 1900 podiam-se ouvir palavras obscenas nos fonógrafos montados sobre cavaletes, em plena rua, ao preço módico de 200 réis.[10]

O primeiro a compreender, no entanto, que as *máquinas falantes* estavam destinadas a tornar-se em breve um artigo industrial e comercial de largo consumo foi mesmo o pioneiro Frederico Figner. E, assim, passando logo das demonstrações de funcionamento do fonógrafo, com entrada paga, ao comércio de aparelhos e cilindros, Figner abriu sua loja da Rua do Ouvidor, 105 (depois 135), em 1897, e começou a vender fonógrafos a 5, 6 e 10 mil-réis, e também "fonogramas originais de Edison" importados (em 1901, na nova loja da Ouvidor, 107, custavam 35 mil-réis a dúzia).

---

[9] A informação é de Eustórgio Wanderley no livro *Tipos populares do Recife antigo* (Recife, Colégio Moderno, 1954) e no qual o memorialista pernambucano refere-se ainda a outro explorador popular do fonógrafo: o ator Lira, dono de um aparelho "ao qual se ajustavam tubos de borracha cor de chocolate, e sobre o qual deslizava uma agulha quando o cilindro estava em movimento". "A fim de se ouvir o trecho de música que fora gravado na cera do cilindro fonográfico", esclarecia Eustórgio Wanderley, "era preciso introduzir nos ouvidos as extremidades do tubo de borracha que nos transmitiam uns vagos sons fanhosos ou distantes parecidos com a 'música' anunciada, quase sempre com 'uma primorosa gravação da Casa Edison, à Rua do Ouvidor, 133, Rio de Janeiro, Brasil'". A descrição do primitivo grafofone de Tainter, ou fonógrafo de Edison, é perfeita, mas a memória do cronista o traiu na parte referente ao anúncio que costumava abrir as gravações de Frederico Figner, desde esse tempo dos cilindros: a Casa Edison era no número 135 e não 133 da Rua do Ouvidor, e a voz não dizia "primorosamente gravado", mas, apenas, "gravado para a Casa Edison, Rio de Janeiro".

[10] A informação é do pitoresco memorialista português radicado no Rio de Janeiro, Adelino J. Paes, que no seu livrinho *O Rio do verdor dos meus anos e o muro dos sem-vergonhas* (Rio de Janeiro, Nobre Gráfica Editora, 1964) conta ter ouvido num desses aparelhos, ainda menino, "pornografia de baixo calão" (*op. cit.*, p. 5).

Ao despontar de 1897, já precisando enfrentar um concorrente no Rio de Janeiro — a Pêndula Fluminense, da Rua da Quitanda, 125, que vendia fonógrafos da marca Lioret —, Frederico Figner resolve partir para a conquista definitiva do novo mercado, através da gravação de cilindros com música popular brasileira. Em sociedade com seu irmão Gustavo Figner (que nesse mesmo ano de 1897 aparece em São Paulo com o Bazar Columbia, da Rua São Bento, 87, e mais tarde com a Casa Odeon, no número 62 da mesma rua), Frederico Figner chama os cantores de serenatas Antônio da Costa Moreira, o Cadete (às vezes grafado "KDT"), e Manuel Pedro dos Santos, o Baiano, para gravar fonogramas com acompanhamento de violão, pagando 1 mil-réis por canção, e com isso se torna responsável pelo advento do profissionalismo no campo da música popular no Brasil. Paralelamente, para estimular a venda dos aparelhos, aceita a ideia de promover a criação de Clubes de Fonógrafos.

A comprovação dessa prioridade seria fornecida, aliás, pelo próprio cantor Baiano, ao gravar anos mais tarde, já na era do disco, a modinha autobiográfica "Quem eu sou?!...". Nessa canção, depois de recordar romanticamente sua trajetória de artista sem rumo — "Quem eu sou?!/ Um baiano atirado/ Nessas vagas soberbas do mar/ Já sem leme, bem perto da rocha/ Desse abismo que vai me tragar" —, Baiano fecha a modinha fazendo soar o bordão, e encaixa esta fala inesperada, como num desabafo:

> "Canto há tantos anos e nunca arranjei nada.
> Finalmente, consegui um empregozinho nesta casa,
> com o que vou vivendo, graças a Deus."[11]

Foram esses fonogramas com modinhas e lundus cantados por Cadete e pelo Baiano, e músicas gravadas pela recém-criada banda do Corpo de Bombeiros (formada pelo maestro e compo-

---

[11] Modinha "Quem eu sou?!...", gravada por Baiano em disco Odeon da Casa Edison nº 120-917, por volta de 1915.

O cilindro e o disco no Brasil

sitor Anacleto de Medeiros em 1896), os primeiros a espalhar pelo Brasil centenas de composições de autores quase sempre anônimos, e que muitas vezes voltavam à sua região de origem já em versão carioca, contribuindo para um curioso e até hoje não estudado processo de interação cultural no campo da música urbana.

Para garantir a ampliação do mercado, uma vez que as tiragens dos cilindros dependiam do crescimento da venda dos fonógrafos, Frederico Figner apressou-se em montar uma rede de revendedores e distribuidores, surgindo em poucos anos o Bazar Edison, em Santos (Rua General Câmara, 7), e filiais na Bahia e no Pará, encarregando-se depois a Casa Murano, de São Paulo (Rua Marechal Deodoro, 32), da distribuição para o Paraná e o sul de Minas. Para o extremo sul, a ação dos irmãos Figner se estenderia já bem entrado o novo século, através de uma ligação direta entre a casa de Gustavo Figner, em São Paulo, e a casa A Elétrica, de Porto Alegre, fundada pelo ítalo-argentino Saverio Leonetti, criador da marca *Disco Gaúcho*. E esse intercâmbio se dava muitas vezes por meio da prensagem de matrizes de artistas da Casa Edison do Rio de Janeiro sob a etiqueta *Phoenix*, levando como indicação, no selo dos discos: "Fabricado por Saverio Leonetti — Porto Alegre — para Gustavo Figner — São Paulo".[12]

---

[12] O levantamento das primeiras gravadoras e marcas de disco no Brasil só agora começa a ser efetuado, sob a égide da Funarte. De qualquer forma, no caso da marca *Phoenix* as dúvidas se aprofundam quando se encontram, por exemplo, músicas sulinas gravadas em discos dessa marca, de um lado só, levando no selo a indicação: *Made in Germany*. Ao que tudo indica, a chave para a explicação desse dilema da história do disco no Brasil estaria numa briga entre os irmãos Frederico e Gustavo Figner (informação de D. Leontina Figner, filha do pioneiro), o que teria levado Gustavo a prensar seus discos na fábrica de Saverio Leonetti, quando não mandava prensá-los na Alemanha, o que explica o fato de estes serem gravados de um só lado (a gravação dos dois lados era objeto de patente da International Talking Machine GmbH, usada pela Odeon, e da qual o único concessionário no Brasil era Frederico Figner).

Iniciado no ano de 1897 o ciclo de gravações com cantores brasileiros, anunciado pelo jornal *A Gazeta de Notícias*, do Rio, ao noticiar a audição de "várias modinhas brasileiras" no fonógrafo exibido por Gustavo Figner, na Rua do Ouvidor, Frederico Figner instala no sobrado da Rua Uruguaiana, 24, um "laboratório de fonogramas nacionais".[13]

Figner devia usar certamente por essa época apenas cilindros Edison importados, pois, apesar de afirmar em um anúncio de 1901 que possuía "o único laboratório de fonogramas nacionais dos populares cançonetistas Cadete e Baiano", em 1902 a Casa Bogari, da Rua do Ouvidor, 60, declarava-se "a primeira e única fábrica na América do Sul para fabricação de cilindros e impressão nítida dos mesmos".

Na verdade, a fabricação dos cilindros no Brasil contribuiu de tal maneira para sua vulgarização que, por esse início do século, às vésperas do aparecimento do disco, os pequenos rolos idealizados por Charles Tainter já eram conhecidos popularmente por um nome brasileiro: como lembravam, pela forma, os punhos duros de goma das camisas de homem do tempo, os cilindros eram chamados de *punhos*.

Em 1904, no entanto, a recente conquista do germano-americano Emile Berliner — o gramofone com discos de cera, e som reproduzido pela ação de agulha metálica ligada a um diafragma de mica — estava destinada a fazer uma entrada fulminante no mercado brasileiro.

Lançado pelo próprio Frederico Figner, através da patente Zon-O-Phone número 3.465, da International Zonophone Com-

---

[13] A notinha, publicada dentro da seção "Teatros...", do jornal carioca *A Gazeta de Notícias*, de 5 de abril de 1897, era a seguinte: "O Sr. Gustavo Figner, que ora mantém seu fonógrafo à Rua do Ouvidor, convidou ontem alguns rapazes da imprensa para a audição de vários trechos novos do seu aparelho. Foram muito aplaudidas uma cançoneta inglesa — 'Exquise', várias modinhas brasileiras e um trecho dos 'Hugenottes', a grande orquestra, executado a capricho".

pany, que sob esse número assegurava no Brasil o direito de fabricação de chapas prensadas dos dois lados, o disco ia eliminar o cilindro do mercado em pouco mais de dois anos.

Embora Frederico Figner ainda teimasse em anunciar em 1904 a novidade dos seus fonogramas de "celuloide inquebrável", "os únicos que uma vez sujos podem ser lavados com água e sabão" (a patente era da própria Casa Edison), os *flat-discs* ou *chapas* — como então se chamavam os discos — se tornariam logo tão populares, que naquele mesmo ano os *punhos* de celuloide teriam que enfrentar uma novidade ainda mais sensacional: em aparatosa publicidade, a Sociedade Phonographica Brasileira, da Rua dos Ourives, 100, C, anunciava a venda de "gramofones com discos de chocolate", acrescentando que, "depois de usados, podem se comer, pois que são de chocolate puro dos afamados fabricantes Félix Potin".[14]

Com o início da produção de discos em massa, a partir de 1904 — o que seria facilitado pela fraca expansão dos fonógrafos de cilindro, olhados até então no Brasil mais como curiosidade[15] —, Frederico Figner precisou enfrentar o problema da produção artística, o que resultou em uma série de providências altamente benéficas para a música popular brasileira, ao menos nesse primeiro momento das relações entre a criação popular e a tecnologia.

---

[14] O anúncio, publicado na revista O *Malho*, do Rio de Janeiro, foi reproduzido por Jota Efegê em seu artigo "Depois de ouvir a música, comer os discos era a novidade do século", publicado no 3º caderno do matutino O *Jornal*, Rio de Janeiro, 12 mar. 1967, p. 2.

[15] Ao contrário, aliás, do que aconteceria na Europa, onde os interesses em torno das gravações em cilindros se tornaram tão importantes, ainda no século XIX, aqui o disco só conseguiu se impor definitivamente no fim do primeiro decênio do século XX. E o fenômeno se repetiria, por sinal, meio século depois, quando do lançamento das gravações de longa duração: enquanto, no Brasil, a demora em substituir os discos de 78 rotações pelos de *long playing* permitiu ingressar diretamente na era das 33 rotações, a Euro-

Tipo de fonógrafo de Edison aperfeiçoado em 1906, e com nova disposição da corneta acústica em posição vertical.

O gramofone destinado a reproduzir sons gravados em discos, lançado em 1893 pelo alemão radicado nos Estados Unidos Emile Berliner.

Uma das vantagens iniciais da transformação da música em produto industrial, para os músicos populares, foi a ampliação do seu mercado de trabalho.

Até o aparecimento da Casa Edison, as únicas possibilidades de ganhar algum dinheiro com música, no Brasil, eram a edição de composições em partes para piano, o emprego em casas de música, o trabalho eventual em orquestras estrangeiras de teatro de passagem pelo Brasil, a conquista de um lugar nas orquestras do próprio teatro musicado brasileiro, o fornecimento de música para dançar (grupos de choro, ou apenas um piano) e, finalmente, o engajamento, como instrumentista, nas bandas militares.

Ora, a gravação de músicas para venda em discos permitiu a profissionalização de numerosos músicos de choro, até então dedicados a seus instrumentos pelo prazer de tocar, ou, quando muito, recompensados magramente ao tocarem em bailes ou festinhas de aniversário em casas de família.

As próprias bandas militares, cujos quadros eram também geralmente recrutados entre os mesmos grupos de músicos chorões, ganhavam com o aparecimento do disco uma importância e uma projeção até então ignoradas. Suas execuções passavam agora a atravessar fronteiras, tanto podendo os baianos ouvirem a Banda do Corpo de Bombeiros do Rio de Janeiro, ou da Força Policial de São Paulo, quanto os cariocas e paulistas apreciarem o som da Banda do 1º Batalhão de Polícia da Bahia.

É verdade que, com a necessidade de produção de música destinada à gravação em discos, nasceu também a falta de respeito à criação alheia, e a exploração do talento dos compositores populares pelos industriais do disco, a começar pelo pioneiro Frederico Figner.

Um exemplo desse tipo de aproveitamento indébito da inspiração de músicos populares ia mesmo tornar-se responsável pelo lançamento, como cantor profissional, ainda nos primeiros

---

pa, em geral, resistiria à inovação por estar presa ao sistema de 45 rotações, extremamente difundido na área dos compactos.

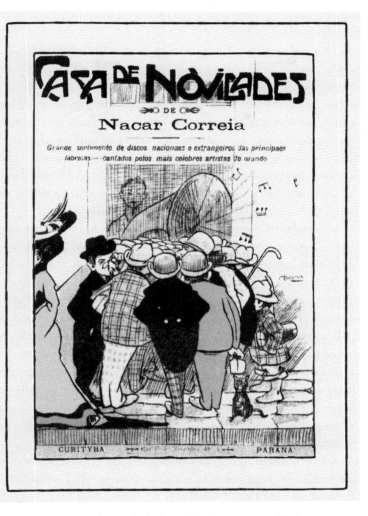

Repercussão da novidade da música impressa em cilindros e discos no Brasil: no anúncio da Casa de Novidades, de Curitiba, no Paraná, as pessoas aglomeram-se na calçada para ouvir o gramofone que divulga discos "cantados pelos mais célebres artistas do mundo".

anos do século XX, de uma figura extraordinária de artista popular: o negro palhaço de circo e tocador de violão Eduardo das Neves.

Nascido em São Paulo, em 1871, Eduardo Sebastião das Neves, que numa de suas modinhas se autobiografava, cantando, orgulhosamente, "sou o crioulo Dudu das Neves", aprendeu violão ainda jovem ("quando eu era molecote/ que jogava meu pião/ já tinha certo jeitinho/ para tocar violão"), foi guarda-freios da Estrada de Ferro Central do Brasil — de onde, aliás, seria despedido por tomar parte numa greve —, e, após servir como bombeiro de dezembro de 1892 a maio de 1893 (expulso por faltar repetidamente ao serviço), optou definitivamente pela vida artística, ingressando no circo como palhaço-cantor.

"Sempre na ponta/ a fazer sucesso/ desde o começo/ da nova vida", como ele mesmo contava cantando em sua composição "O crioulo", ou "O crioulo Dudu das Neves", Eduardo das Neves começou logo a viajar pelo Brasil integrando troupes que se apresentaram nos Estados do Rio e de Minas de 1894 a 1901, e nos da Bahia, Alagoas e Pernambuco entre esse mesmo ano de 1901 e setembro de 1902. Como os circos constituíam, então, os grandes divulgadores da cultura popular urbana — uma vez que eram os únicos a levar às pequenas cidades e vilas mais longínquas as atrações do seu teatro de picadeiro, canções de seus palhaços —, as modinhas e os lundus cantados por Eduardo das Neves ganharam notoriedade. E foi assim que, ao voltar de sua excursão do Nordeste, em fins de 1902, o palhaço cantor e compositor descobriu que a nascente indústria do disco estava se apossando de suas músicas como se fossem obra anônima, e lançando-as em disco.

Eduardo das Neves, que a essa altura já se destacava como uma espécie de cronista musical, pois costumava compor modinhas e lundus sobre fatos do momento ("O 5 de novembro", por exemplo, contava o assassinato do Ministro da Guerra, Marechal Bittencourt, em 1897), resolveu, então, procurar Frederico Figner, proprietário da Casa Edison, ainda na virada dos anos de 1902-1903, a fim de reclamar seus direitos. E desse encontro nasceu a sua contratação para o quadro de cantores da gravadora. O episódio seria contado, aliás, pelo próprio Eduardo das Neves, em 1903, no prefácio de seu livrinho de cordel *Trovador da malandragem*, publicado pela Livraria Quaresma Editora.

Após citar os nomes de várias composições de sua autoria "que o Zé Povo aprecia e canta", Eduardo das Neves denunciava — sem citar nomes — os que se intitulavam autores de suas obras, e revelava:

> "Ainda não há muito tempo, ouvi um fonógrafo repetindo 'O 5 de novembro', mas, de tal modo, com tantos erros, tão adulterado, que nada se entendia.
>
> Dirigi-me, então, ao Sr. Fred Figner, e cantei em um dos fonógrafos do seu estabelecimento comercial algumas modinhas, S.S. gostou tanto, que firmou comigo contrato para eu cantar todas as minhas produções nos aparelhos que expõe à venda."[16]

Como não havia ainda nesses primeiros anos do século uma produção especialmente dirigida ao disco (desde o tempo dos cilindros era comum gravar-se até discursos), Eduardo das Neves pôde passar para a cera de gravação não apenas as suas produções, mas um grande número de modinhas e lundus do seu repertório de palhaço de circo. Dentre essas músicas, muitas vinham sendo transmitidas oralmente desde pelo menos a primeira metade do século XIX, como o "lundu alegre" "Mestre Domingos" (Odeon Record nº 108-337, gravado por volta de 1905), que o músico e estudioso Luciano Gallet viria a registrar em 1934 no

---

[16] Eduardo das Neves, *Trovador da malandragem*, Rio de Janeiro, Livraria Quaresma Editora, 1926 — reedição póstuma (Eduardo das Neves faleceu em 1919), o que demonstra a incrível sobrevivência da obra de um compositor popular especialista em gêneros por essa época já praticamente desaparecidos, como era o caso do lundu.

seu livro *Estudos de folclore*, como cantiga de pastoras (diálogo entre mestra e palhaço), e a folclorista Laura Della Monica recolheria em São Paulo na década de 1960, dando-o como cantiga de roda infantil, de procedência mato-grossense.[17]

Além disso, como sua condição de artista de circo o obrigava a excursionar por todo o Brasil, Eduardo das Neves iria trazer de volta de sua excursão pelo Nordeste gêneros pouco ouvidos no Sul, como o "Coco do Bibiribe" (gravado como lundu), além de contribuir para a divulgação do fenômeno da cantoria nordestina, até então registrada por estudiosos como Sílvio Romero apenas na parte do poema.

Em seu folheto *Mistérios do violão*, publicado em 1905 por Quaresma & Cia. Editores, Eduardo das Neves, sob o título "Desafio ao som da viola", dava conta desse seu trabalho de campo como folclorista da fase pioneira escrevendo:

> "Na pitoresca vila de Jaboatão, no Estado de Pernambuco, tive ocasião de apreciar, em um domingo de festa, dois cabras cueras no famoso desafio da viola.
>
> Não pude guardar em memória mais do que as seguintes rimas que mais me prenderam a atenção, por saber que eram verdadeiras" [e cita, a seguir, quarenta versos do desafio entre os cantores João José e Pedro Roxinho].

---

[17] Laura Della Monica, *Rosa amarela*, São Paulo, Conservatório Musical Marcelo Tupinambá, 1967, pp. 111-4. No Espírito Santo, o folclorista Guilherme Santos Neves recolheu o mesmo lundu em Conceição da Barra e em Vitória, e citando outras versões de Veríssimo de Melo e Rossini Tavares de Lima, escreveu uma comunicação sob o título "O lundu de Mestre Domingos" na publicação *Folclore*, da Comissão Espírito-Santense de Folclore, ano XIX, n° 84, de janeiro-junho de 1968. A versão mais próxima da gravada em disco por Eduardo das Neves no início do século é a recolhida em São Roque, São Paulo, em 1949, por Rossini Tavares de Lima, que divulgou seus 32 versos na plaqueta *Da conceituação do lundu*, São Paulo, s.n., 1953, pp. 20-1.

Não fora a oportunidade de tornarem-se profissionais, como contratados da Casa Edison, não apenas Eduardo das Neves, mas também outros cantores ligados à tradição profundamente nacional e popular dos circos, como Mário Pinheiro e o Campos, teriam desaparecido sem deixar qualquer notícia sobre o som herdado do século XIX, no âmbito das grandes camadas da população, pois nenhum deles sabia escrever música.[18]

De fato, são os velhos discos *Zonophone* e *Odeon* da Casa Edison, *Favorite*, da Casa Faulhaber (que tinham selo de listras vermelhas e brancas e eram gravados de um lado só), *Columbia* (selo verde) *Grand-Record* "Brazil" e *Victor* (ambos também gravados de um só lado), que permitem agora, mais de sessenta anos passados, levantar um grande repertório de gêneros hoje desconhecidos em suas formas autenticamente populares, como a modinha seresteira, os lundus cantados, as cançonetas de teatro e palquinhos de cafés-cantantes, as marchas dos primeiros ranchos carnavalescos, as chulas e as chamadas cantigas sertanejas, entre as quais muitas vezes se incluíam músicas do folclore.

Graças a esse repertório eminentemente popular, os discos alcançaram em poucos anos uma tal difusão, que a posse de um gramofone — condição para gozar esse prazer de contar com música mediante o simples rodar de uma manivela — tornou-se um ideal das famílias de posses médias de todo o Brasil.[19] Co-

---

[18] A esses nomes de palhaços cantores poderiam juntar-se os de Júlio Assunção, Benjamin de Oliveira, Francisco Rosa, o Gadanha, e Antoninho Correia e Veludo, estes dos últimos citados por Mário de Andrade em crônicas incluídas no livro *Música, doce música* (pp. 69-70 e 75). Sobre a importância dos palhaços de circo na divulgação da música popular, ver o livro do autor, *Música popular: os sons que vêm da rua*, São Paulo, Tinhorão, 1976 (nova edição: *Os sons que vêm da rua*, São Paulo, Editora 34, 2005).

[19] Os gramofones chegaram inclusive a circular entre os índios, como revelaria o escritor Lauro Palhano em seu livro *Marupiara*. Neste romance, passado nos seringais da Amazônia no início do século XX, Lauro Palhano mostra seu personagem voltando das compras na cidade com um gramofone

mo os preços dos aparelhos eram relativamente elevados, foi moda fazer rifas de gramofones e, em São Paulo, o memorialista Jacó Penteado, historiando a vida do bairro do Belenzinho em 1910, lembrava-se de ter ouvido música num desses aparelhos ganhos em sorteio: "Meu padrasto ganhara um, numa rifa. Foi uma sensação".[20]

Ainda em São Paulo, o depois romancista e componente do Movimento Modernista de 1922, Oswald de Andrade, lembrando-se também de uma dessas demonstrações a que assistira em criança, descobria e revelava a existência de outro motivo para explicar a pressa em possuir gramofone: a vontade de mostrar-se atualizado e parecer progressista. Escrevia Oswald:

> "Era um velhote chamado Fernando de Albuquerque a primeira pessoa que conheci americanizada. Fazia grandes viagens aos Estados Unidos, donde trazia engenhosas novidades. Numa *soirée* em casa dele, nessa chácara imensa, foi-me apresentado o fonógrafo: é uma coisa que a gente põe um fio na orelha e ouve."[21]

---

para dar de presente ao tuxaua: "Para o chefe, trouxe um gramofone. Reinava indescritível contentamento na tribo. O disco 'Rato, rato, rato', cheio de rasgos de pistons, provocava uma hilaridade interminável entre a assistência. Tornou-se tal a curiosidade e alegria, que, dois dias depois, foi preciso a Macuti empregar a sua autoridade para regular as audições".

[20] Em seu depoimento nesse livro *Belenzinho 1910: retrato de uma época* (São Paulo, Livraria Martins Editora, 1962), Jacó Penteado deixa-se trair pela memória e confunde fonógrafo de cilindro e gramofone a discos, pois afirma que o padrasto ganhara na rifa um grafofone, "máquina de dar corda que fazia girar um cilindro metálico", e logo adiante escreve: "Era disco de 27 cm de diâmetro (*chapas*), tendo ao centro, impressa, a bandeira nacional, em cores".

[21] Oswald de Andrade, *Um homem sem profissão. Memórias e confissões. Vol. I (1890-1919). Sob as ordens de mamãe*, Rio de Janeiro, Civilização Brasileira, 1974, p. 24 (Obras Completas, IX). Tal como Jacó Pentea-

Nas fazendas do interior, os grandes proprietários rurais, de volta das capitais do litoral, levavam invariavelmente a novidade da "máquina falante", que era mostrada aos colonos da janela da casa-grande, para gozar-lhes o espanto, e logo passava a funcionar como mais um elemento indicador de condição econômico-social superior.

Nas próprias cidades, aliás, essa possibilidade de distinção pela posse do novo produto industrial já começava a ser estimulada a partir de 1913, através dos anúncios que sugeriam a oportunidade de levar gramofones para os piqueniques, ou afirmavam — como era o caso da publicidade do modelo *Fortephone* — proporcionar o aparelho a "ilusão perfeita do teatro em casa". Para os mais pobres, ficava a oportunidade de ouvir os discos de gramofone tocando nos bares (a Sociedade Fonográfica Brasileira chamava seus aparelhos de "a Mascotta dos botequins e outras casas congêneres") e, logo depois, nas salas de espera dos cinemas mais modestos. E muitas vezes com a música dos discos substituindo os velhos pianeiros, como aconteceria documentadamente no Rio de Janeiro.[22]

Com a crescente ampliação do mercado do disco em todo o mundo (e em 1910 a casa A Nova Figura Risonha, da Rua do Ouvidor, 58, no Rio, já anunciava à venda "discos portugueses, espanhóis e celebridades"), a tecnologia no campo da reprodução dos discos ganhou aceleração, passando a guerra dos anúncios a indicar, ano a ano, a luta entre os fabricantes norte-americanos e europeus pela conquista do público comprador. Assim, em 1913, ainda no Rio de Janeiro, a Casa Standard, representante

---

do, Oswald de Andrade descreve um fonógrafo de cilindros e, logo a seguir, afirma que "passou-se a gravar um disco virgem". A cena aconteceu por volta de 1905, quando coexistiam os dois tipos de aparelhos no mercado, o que explica em ambos os casos a traição da memória.

[22] O autor deste livro historia essa substituição do artista pela máquina em seu livro *Música popular: teatro e cinema* (Petrópolis, Vozes, 1972), no capítulo intitulado "A invasão estrangeira".

da Columbia Phonograph, respondia à novidade do *Fortephone* (anunciado por Fred Figner como "a última palavra em máquinas falantes"), declarando constituírem os seus gramofones e grafonolas "as mais perfeitas máquinas falantes".

Nessa corrida, a Casa Edison de Frederico Figner ia levar nítida vantagem, nesses primeiros anos, porque a partir de abril de 1913 poderia contar com a sua Fábrica de Discos Odeon, instalada na Rua 28 de Setembro, 50, no Bairro da Tijuca. Com todo o equipamento importado da Alemanha, Figner ganhava a possibilidade não apenas de controlar a qualidade, mas de baratear o custo industrial dos discos, ganhando ainda em velocidade, ao livrar-se da espera das remessas, via marítima, em longas viagens da Europa até o Rio.

Enquanto esse equipamento não ficou ultrapassado, e os próprios concorrentes estrangeiros competiram no mercado brasileiro com discos fabricados segundo processos igualmente rudimentares, a Casa Edison, de Fred Figner, no Rio, e de seu irmão e sócio Gustavo, em São Paulo, dominou o mercado com amparo na excelente rede de distribuição que havia montado nas principais cidades brasileiras.

Quando, porém, a partir de 1924, nos Estados Unidos, os engenheiros da Victor Talking Machine partiram para nova etapa no campo das gravações e reprodução de sons, criando em primeiro lugar as vitrolas ortofônicas, e mais tarde as chamadas eletrolas, "acionadas eletricamente", a iniciativa brasileira perdeu impulso, e o próprio Frederico Figner ia ser reduzido em pouco tempo à condição de mero comerciante de discos, máquinas de escritório e artigos musicais.

Para mostrar que, a partir desse fim da década de 1920, seria impossível competir com os grandes centros industriais, que logo monopolizariam o mercado mundial do som, a Victor Talking Machine Corporation, sediada em Camden, New Jersey, alugaria em meados de 1926 nada menos que o Teatro Phoenix para lançar, no Rio de Janeiro, sua mais fantástica novidade: a Victrola Ortofônica Auditorium.

Com a era das gravações pelo sistema elétrico, a partir de 1927, a moderna tecnologia importada marca o fim das experiências pioneiras, ainda presas ao sistema de gravação mecânica de cilindros e discos: a Victor Talking Machine Co. do Brasil instala sua fábrica no Rio de Janeiro para dividir com outra empresa estrangeira, a Odeon, o mercado do disco brasileiro durante mais de vinte anos, a partir da virada da década de 1920-30.

Para assistir a esse aparatoso lançamento do novo aparelho, anunciado como capaz de reproduzir fielmente o "som original, qualquer que fosse o diapasão ou volume", os comerciantes Otto Christoph e Leon Bensabat, representantes da Victor no Brasil, através de sua firma J. Christoph Co., encheram a plateia do teatro de convidados, e, colocando o enorme móvel da vitrola ortofônica no centro do palco, ligaram o aparelho a todo volume.

Diante dessa vitrola provida de uma corneta de dois metros e meio de altura por três metros de fundo, que transformava as ondas sonoras em vibrações elétricas, e as devolvia após passar por uma câmara acústica, podendo "tocar um programa inteiro, durante uma hora sem interrupção e sem ser necessária qualquer intervenção" (os discos caíam automaticamente), os concorrentes brasileiros nada podiam fazer.

Com a era das gravações e os discos obtidos com emprego de sistema elétrico, a partir de 1927, vão desaparecer as velhas marcas nacionais, e as patentes Odeon, revelando-se inúteis ao velho pioneiro Frederico Figner, permitem que a própria matriz europeia se estabeleça no Brasil, para concorrer a partir da década de 1930 com suas duas rivais norte-americanas: a Victor e a Columbia.

A ERA DO RÁDIO

3.

O INÍCIO IMPROVISADO DA RADIODIFUSÃO

A radiocomunicação, ou seja, a transmissão, através do espaço, de ondas eletromagnéticas capazes de reproduzir sons da mesma altura (radiotelegrafia) ou modulados (radiotelefonia), começou a ser tentada no Brasil ainda no século XIX.

Segundo se sabe, já em 1892 o padre gaúcho Roberto Landell, fazendo experiências na cidade paulista de Mogi das Cruzes com uma válvula de três eletródios, conseguiu pela primeira vez transmitir e captar os sons de uma palavra usando ondas de energia irradiada, o que lhe garantiria um pioneirismo confirmado dois anos depois, em 1894, quando repetiu o feito na capital de São Paulo.

Do momento em que a notícia dessa fabulosa possibilidade de transmitir os sons pelo espaço espalhou-se pelo país, começaram a surgir dezenas de curiosos resolvidos a praticar a radiodifusão como mais uma diversão tecnológica. Esse espírito de brinquedo e curiosidade de amadores ia revelar-se, desde logo, na organização de tais experiências com caráter de clubes — os famosos radioclubes que acabariam dando nome a tantas emissoras de todo o Brasil.

Formado um grupo de "amadores da radiofonia", como se costumava dizer então, a aparelhagem extremamente simples dos primeiros receptores era montada na sala da casa de um dos sócios, entregando-se todos, inicialmente, ao trabalho algo aleatório de captar transmissões geralmente de navios.

Uma dessas primeiras recepções de sons transmitidos por radiotelegrafia de que se tem notícia certa foi a conseguida na Bahia, em 1912, quando na recém-instalada Estação Radiotele-

O início improvisado da radiodifusão

gráfica de Amaralina "se ouviu certa tarde recados e até música", transmitidos pelo rádio do navio alemão *Von Der Tann*, ancorado em Salvador.[23]

Já com caráter de clube, entretanto, as primeiras experiências de recepção, ainda na fase da radiotelegrafia, foram realizadas no Recife com a fundação, a 6 de abril de 1919, do chamado Rádio Clube de Pernambuco. Reunidos num velho sobrado do bairro recifense de Santo Amaro, os jovens de boa sociedade, fundadores desse clube de rádio, entregavam-se na verdade apenas a pesquisas de recepção radiotelefônica, pois só poderiam passar à fase da radiodifusão a partir do funcionamento de um pequeno transmissor Westinghouse de 10 watts, em 17 de outubro de 1922.

De fato, embora desde 1919 tenham sido realizadas na Europa e nos Estados Unidos algumas experiências públicas de radiotelefonia, a radiofonia propriamente dita só seria inaugurada oficialmente no dia 2 de novembro de 1920 com a transmissão dos resultados das eleições americanas pela KDKA, Westinghouse Electric Company, da cidade de Pittsburgh, no Estado da Pensilvânia. Sendo assim, apesar de alguns autores ainda insistirem em atribuir aos pernambucanos a primazia do lançamento do rádio no Brasil, essa glória ia caber ao Presidente Epitácio Pessoa, ao pronunciar no dia 7 de setembro de 1922 o discurso de inauguração da Exposição Internacional do Rio de Janeiro, e que, transmitido por uma estação de pequena potência (SPC) montada pela Westinghouse, foi realmente ouvido por centenas de pessoas através de um telefone alto-falante.

Essa estaçãozinha SPC de 500 watts, cuja torre foi montada no alto do morro do Corcovado, no Rio de Janeiro, fora trazida

---

[23] Artigo "A radiotelefonia na Bahia", pelo correspondente da revista *Rádio* em Salvador, publicado em outubro de 1924. Citado no artigo "Quando nasceu o rádio no Brasil?", assinado Edu, e publicado no jornal *Correio Paulistano*, São Paulo, 26 jun. 1949.

ao Brasil pela empresa pioneira Westinghouse Electric Company como atração do Pavilhão dos Estados Unidos na chamada Exposição do Centenário, organizada pelo governo brasileiro para comemorar os cem anos da Independência.

Instalada provisoriamente no salão de festas da Exposição, no dia de sua abertura, a emissora — sempre a título de experiência — passou posteriormente a irradiar óperas diretamente dos teatros Municipal e Lírico, e conferências sobre Higiene pelo professor José Paranhos Fontenelle, o que era acompanhado por milhares de pessoas através de alto-falantes instalados na torre do Serviço de Meteorologia, na Ponta do Calabouço, e de mais oitenta receptores cedidos a personalidades cariocas ou distribuídos por praças públicas de Niterói, Petrópolis e São Paulo.

Na mesma ocasião a Western Electric Company havia trazido também para seu *stand* na Exposição duas emissoras de 500 watts, e estas — ao contrário da primeira, que foi desmontada e levada de volta aos Estados Unidos — foram afinal adquiridas pelo governo brasileiro para serviço radiotelegráfico, com uma delas, a SPC, sendo montada imediatamente na Praia Vermelha, em julho de 1923.

Assim, embora o grupo pernambucano, liderado por Augusto Pereira e financiado pelo industrial João Cardoso Aires, tenha comprado no *stand* da Westinghouse o amplificador que lhes permitiria algumas experiências isoladas de radiofonia no Recife a partir de outubro de 1922 (os pioneiros da Rádio Clube de Pernambuco haviam conseguido transformar um transmissor radiotelegráfico em transmissor radiofônico, e que passou a funcionar adaptado ao amplificador de som levado do Rio de Janeiro), o título de fundador do rádio no Brasil caberia ao grande antropólogo e educador Roquette-Pinto.

Conforme ele mesmo contaria em seu livro *Ensaios brasilianos*, Roquette-Pinto estava realizando pesquisas fisiológicas com emprego de radioeletricidade em 1922, sob orientação do professor e cientista franco-brasileiro Henrique Morize, quando as demonstrações de radiotelefonia realizadas na Exposição do

O início improvisado da radiodifusão

Centenário da Independência despertaram a sua atenção para as amplas possibilidades daquele novo meio de comunicação.[24]

"Corcovado irradiava diariamente", escrevia Roquette-Pinto, referindo-se à estação emissora SPC instalada no alto do morro do Corcovado, ao que acrescentava, revelando desde logo a origem do sonho que em menos de um ano se transformaria na realidade da instalação oficial do rádio brasileiro:

> "Cada vez que tomava os fones vinha-me ao pensamento o que o Brasil poderia ganhar com aquele meio formidável de expansão cultural."[25]

Decidido a usar a transmissão da palavra a distância como um meio revolucionário de difusão de conhecimentos e cultura, o médico e pesquisador científico Roquette-Pinto voltou a procurar o velho professor Henrique Morize, de quem se tornara amigo, e expôs-lhe seu plano de criação de uma emissora especialmente dedicada ao ensino:

> "Finalmente, em 1923, um dos seus discípulos mais humildes e mais dedicados [conta Roquette-Pinto em seus *Ensaios brasilianos*, referindo-se ao mestre Morize e a ele mesmo, com modéstia] procurava-o para pedir-lhe que tomasse a dianteira num grande movimento civilizador, que seria a prática da radiotelefonia educadora."[26]

---

[24] "Procurei no Observatório o meu velho e querido mestre Dr. Morize e dele recebi as lições de que precisava. Entrei, assim, na TSF de laboratório. Coincidiu com estes estudos a inauguração das estações radiotelefônicas do Corcovado (SPC) e Praia Vermelha (SPE)", conta Roquette-Pinto em *Ensaios brasilianos*, São Paulo, Companhia Editora Nacional, s.d. [1941], p. 73 (Coleção Brasiliana, 190)

[25] *Id., ibid.*, p. 73.

[26] *Id., ibid.*, p. 71.

A primeira antena de rádio-transmissão, instalada no alto do Corcovado, no Rio de Janeiro, em 1922. Fotografia de Augusto Malta.

E revelando o entusiasmo com que Morize recebeu a ideia, acrescentava:

"Mal terminada a exposição do plano idealizado, e o velho mestre, no seu gabinete de São Januário, erguia-se comovido, abraçando o seu discípulo. Desde aquele instante foi o guia magnífico de uma campanha cívica, culminada na fundação da Rádio Sociedade (PRA-2)."[27]

Essa campanha cívica citada por Roquette-Pinto esbarrava de saída em um obstáculo legal, pois — como lembrava o próprio pioneiro do rádio brasileiro — "um regulamento anacrônico, carranço, retrógrado, proibia a prática da TSF", telegrafia sem fio, "pelos cidadãos". E, o que chegava a ser cômico, "a polícia apreendia as miseráveis galenas que eram denunciadas".[28]

Uma das primeiras providências de Roquette-Pinto e Morize foi a de solicitar do governo a modificação dessa legislação, o que seria conseguido, embora lentamente, por força do próprio impacto da novidade das emissões de rádio: ainda em 1923, logo após a emissora do Corcovado entrar no ar, o diretor dos Correios e Telégrafos foi levado a conceder licenças a título precário para o uso de 536 aparelhos receptores radiotelefônicos. Tinha surgido a era do rádio galena.

Os "galena" — como passaram a ser chamados familiarmente os aparelhos de recepção das transmissões radiotelefônicas — eram montados em casa, quase sempre pelos próprios candidatos a ouvintes, usando normalmente caixas de charuto. Isso se tornava possível pelo fato de os aparelhos de galena serem compostos, fundamentalmente, de apenas cinco pequenas peças (cristal de galena; regulador de contato da galena; indutor; conden-

---

[27] Id., *ibid.*, p. 72.

[28] Id., *ibid.*, p. 73.

A era do rádio

sador variável de sintonia e fones de ouvido), e que para funcionar pediam apenas uma antena externa — geralmente esticada entre duas varas de bambu — e uma tomada de terra, invariavelmente a torneira da pia mais próxima.

Um testemunho da visão bizarra dessa aparelhagem primitiva usada para captar as emissões das primeiras estações brasileiras de radiofonia seria fornecido ainda em 1923 pelo poeta e jornalista Amadeu Amaral, especialmente convidado por Roquette-Pinto em junho daquele ano para ouvir na Academia de Ciências uma das transmissões da recém-fundada Rádio Sociedade do Rio de Janeiro. Em correspondência para o jornal *O Estado de S. Paulo*, Amadeu Amaral escreveria entre entusiasmado e divertido:

> "Quando vi a antena plantada a um canto do jardim — uma simples vara de bambu com uns fios ligeiramente instalados — e sobretudo quando penetrei no quarto das operações e pude examinar os toscos objetos que completavam o dispositivo, não pude deixar de sorrir por dentro. Não era possível que aquela caranguejola, feita com bambu, alguns metros de fio de cobre, uma bobina de papelão e um fone de aparelho comum desse resultado sério. Quem sabe se aquilo que apregoavam ouvir por intermédio desse aparelho não seriam quaisquer vibrações ordinárias, confusamente conduzidas pelos fios expostos!
>
> Dentro em pouco, porém, colocando o fone ao ouvido, pude escutar versos declamados na Praia Vermelha e entremeados de música, tudo tão receptível como se os sons se originassem a dois passos. Aquela caranguejola ridícula funcionava maravilhosamente."[29]

---

[29] Trecho da correspondência de Amadeu Amaral para o jornal *O Estado de S. Paulo*, transcrito por Roquette-Pinto em *Ensaios brasilianos*, p. 74.

O início improvisado da radiodifusão

Na verdade, o que Amadeu Amaral estava tendo o privilégio de divulgar em sua reportagem para *O Estado de S. Paulo* era uma emissão da primeira estação de rádio brasileira a transmitir com regularidade, e a legalizar sua situação junto aos Correios e Telégrafos, que lhe daria mais tarde o direito de usar o prefixo pioneiro: PRA-2.

Decididos a concretizar a ideia da "radiotelefonia educadora", Roquette-Pinto e Henrique Morize obtiveram autorização do governo para usar em horário noturno as emissões SPE da Praia Vermelha. Isso tinha permitido à dupla de pioneiros, com o auxílio de técnicos como Elba Dias, Antonio Labre, Juvenil Pereira e Oscar de Sousa Pinto, inaugurar na Academia de Ciências, em 20 de abril de 1923, a Rádio Sociedade do Rio de Janeiro. E a primeira transmissão da Rádio Sociedade PRAA SQUE se daria às oito e meia da noite de 1º de maio, com uma conferência de Roquette-Pinto "dedicada aos amadores de TSR".

As condições em que essa rádio pioneira ia para o ar, entretanto, eram as mais precárias, e a improvisação e o primitivismo dos trabalhos técnicos superavam certamente em muito o quadro descrito com bom humor por Amadeu Amaral.

A absoluta novidade desse revolucionário meio de comunicação possibilitado pelo avanço tecnológico em aceleração desde o início do século levava os responsáveis pelas primeiras emissoras a uma formação de quadros de pessoal técnico e de estúdio em condições as mais imprevistas.

Até os primeiros anos da década de 1930, como as licenças para o uso de canais de rádio eram concedidas sempre em caráter provisório, só se permitindo angariar anúncios depois da publicação da licença oficial, os estúdios eram comumente instalados na própria casa dos requerentes, constando todo o equipamento de um transmissor, um microfone e um prato de toca-discos. O locutor era quase sempre também o contrarregra, e não era raro, após terminar a música, ficar soando durante alguns segundos apenas o chiado da agulha sobre o disco, porque o responsável único por todo o trabalho saíra da sala para tomar café...

50   A era do rádio

O próprio professor Roquette-Pinto, que desde 23 de maio de 1923 passara a contar com uma estação de 10 watts, oferecida pela Casa Pekan, de Buenos Aires, e montada na sala de Física Experimental da Escola Politécnica, foi o iniciador desse sistema de rádio familiar. Diante de um microfone instalado em sua casa, o pioneiro do rádio improvisava programas jornalísticos como o de informações comentadas (abria o jornal da manhã e comentava, no ar, as notícias que ia lendo), ou ainda de caráter declaradamente didático e educativo:

> "Tomava, por exemplo, o poema 'Caçador de esmeraldas', de sua especial predileção [conta Edmundo Lys], lia-o para os ouvintes, em seguida, fazia uma análise estética da obra, recordava o episódio histórico que o inspirara, fazia a crítica e a biografia do autor. E os ouvintes tinham, assim, momentos de alta cultura, na palavra de um dos mais ilustres homens que o Brasil possuía."

Essa concepção de rádio como "livro falado", aliado ao espírito jornalístico, levaria Roquette-Pinto a contar com o privilégio de transmitir pela sua rádio SQIA as vozes de sábios e intelectuais estrangeiros de visita ao Brasil, como Einstein, o arquiteto francês Agache e o italiano, lançador do futurismo, F. T. Marinetti, tornando-se ainda uma vez pioneiro ao irradiar, a 4 de julho de 1926, uma ópera completa em disco: *Rigolleto*, de Verdi.

A imagem mais pitoresca do funcionamento das rádios, nesses seus primeiros anos de criação, porém, seria fornecida pelo velho radialista Didi Vasconcelos, ao lembrar no livro de memórias *30 anos em 4 etapas* a sua estreia inesperada diante de um microfone, na cidade paulista de Sorocaba, logo após a Revolução Constitucionalista de 1932.

Após recordar que as irradiações da PRD-9 — Rádio Sociedade, a Voz de Sorocaba — iniciavam-se às 7 e terminavam às

O início improvisado da radiodifusão

10 da noite, em caráter experimental, conta com riqueza de pormenores:

> "Uma noite para lá fui com minha esposa. Na pequena sala da frente [a rádio funcionava na casa do concessionário, o comerciante Rafael de Cunto, conhecido por Bizuza] a um canto, um jirau com o pequeno transmissor. Uma porta dava acesso ao estúdio. Lá dentro um microfone dependurado, redondo, preto, do tamanho de uma lata de graxa. Ao lado uma mesinha de aço com um prato, um *pick-up*, no qual um pretinho de seis ou sete anos (vivo como ele só) colocava ou retirava os discos, trocava agulhas quando em vez e a empurrava no primeiro sulco da massa achatada, redonda e preta, com um furo no centro."[30]

Segundo Didi Vasconcelos, o locutor tivera aquele dia um desentendimento com o dono da rádio e, num dado momento, "abrindo a porta, que ligava o estúdio à sala", tomou o chapéu "que estava sobre uma das cadeiras, e exclamou sem nos cumprimentar: — Não fico mais aqui, seu Bizuza! Arranje outro! Boa noite! — e saiu batendo os calcanhares".

Diante do fato consumado, o comerciante Bizuza apelou para o amigo visitante que, colhido de surpresa, mal teve tempo de informar-se sobre o funcionamento do botão que ligava e desligava o microfone. Ao terminar o disco, porém, como ele mesmo conta, já estava sentado na cadeira do locutor:

> "Quando a orquestra deu o acorde final acionei o pequeno interruptor e entrei:
> — Sorocaba, falando para o Estado (que pretensão!) pelas ondas da PRD-9, Rádio Sociedade, a Voz

---

[30] Didi Vasconcelos, "O rádio há 30 anos", em *30 anos em 4 etapas*, São Paulo, Obelisco, 1968, p. 110.

de Sorocaba. Estamos transmitindo em caráter experimental, muito agradeceríamos aos prezados ouvintes se manifestassem sobre as impressões da receptividade das nossas transmissões. O nosso endereço é: Largo de Santo Antônio, 34, para onde deverão ser enviadas as notícias e informações, que de antemão agradecemos. Colaborem conosco, a fim de que possamos aquilatar a qualidade das irradiações e a pureza do som. Obrigado, mais uma vez."[31]

Nas cidades menores essa aventura da comunicação com o público, através do uso de uma tecnologia ainda não dominada, acontecia em situações ainda mais engraçadas. Em um disco lançado em São Paulo pela Arte-Fone, pela mesma época em que Didi Vasconcelos estreava sem querer como radialista em Sorocaba, o humorista Luís Dias da Silva abria seu *skétch* sob o título "No estúdio da rádio" (onde descrevia o ambiente de uma suposta PRA-JO, Rádio Amortecedor Juquiaense) dizendo, enquanto se ouvia, ao fundo, cacarejos de galinhas e relinchar de cavalos: "Terta, tira esses animar daqui que é perciso começa a irradiação".[32]

Mesmo no Rio de Janeiro, onde a partir de 1º de junho de 1924 a Rádio Sociedade, do professor Roquette-Pinto, passara a ter uma concorrente na Rádio Clube do Brasil (PRAB, depois PRA-3), esse panorama de pitoresco e de improvisação era praticamente o mesmo, apesar de a cidade transformar-se rapidamente numa "floresta de antenas", conforme a imagem usada pelo radialista-historiador da música popular Almirante em seu livro *No tempo de Noel Rosa*. Os expedientes mais imprevistos eram usados na tentativa de aumentar a eficiência das transmissões:

---

[31] *Id., ibid.*, p. 110.

[32] Luís Dias da Silva, disco "Umorístico" (sic) "No estúdio da rádio", São Paulo, disco Arte-Fone, nº 4-025-A, 1930.

"Nos primeiros anos de suas vidas [escreve Almirante, falando das duas primeiras rádios cariocas], quando nenhum espírito de competição orientava aqueles arrojados empreendimentos, além de pouquíssimas horas em que se mantinham no ar, as duas emissoras acertavam um sistema de irradiações intercaladas, a fim de, principalmente, acomodar os interesses dos ouvintes sempre em número crescente. Suas transmissões se faziam em dias alternados: às segundas, quartas e sextas funcionava uma delas, às terças, quintas e sábados, a outra."[33]

Embora não houvesse anúncios e a situação econômica das rádios só permitisse pagar "cachês que variavam de 5 a 30 mil-réis", como recorda o mesmo Almirante, a transmissão da música de discos com canções populares ia criar um público tão amplo que, em pouco tempo, cantar ou falar pelo rádio se tornaria para muita gente uma atração acima de interesse de dinheiro. Nas colunas de informações dos jornais sobre as atividades da Transmissão Sem Fio — como ainda era conhecida a radiofonia —, as notícias referiam-se à participação "gentil" de amadores, e, segundo Almirante, chegou a ser criada uma fórmula para indicar a presença não remunerada de cantores nos estúdios das rádios:

"Certos nomes (depois famosos) compareciam, diariamente, espontaneamente, em determinados programas de grande audiência. E os locutores os apresentavam com uma frase que se tornou 'chapa':
— Beltrano da Silva, de passagem pelos nossos estúdios, vai cantar agora, o seguinte..."[34]

---

[33] Almirante, "O rádio", em *No tempo de Noel Rosa*, Rio de Janeiro, Livraria Francisco Alves, 1963, p. 59.

[34] *Id., ibid.*, p. 59.

Isso quer dizer que o rádio, dando personalidade a cantores e locutores ante um público anônimo, abria inesperada perspectiva de realização artística para um novo tipo de futuros profissionais: os possuidores de boa voz. E, assim, muitas dessas pessoas, com veleidades artísticas até então não aproveitadas, candidataram-se à atividade no rádio porque — conforme logo se descobriria —, se falar ou cantar diante dos microfones não dava dinheiro, envolvia a criação de um mito que lisonjeava a vaidade pessoal, pela conquista da popularidade.

Em um pequeno livro de crônicas intitulado *Acabaram de ouvir...*, editado em 1933, e transformado em raridade bibliográfica, o famoso locutor César Ladeira — ele mesmo uma das primeiras vozes-mito do rádio brasileiro — explicava a gênese do fascínio dos ouvintes pelos donos das vozes ouvidas no rádio escrevendo:

"E depois disso, há uma outra poesia, uma poesia bem moderna em ser *speaker*.

Ele é o homem da voz distante que entra na casa dos outros sem pedir licença.

É razoável que sobre o seu físico se façam as mais diversas conjeturas.

Os homens dizem:

— Eu creio que 'ele' deve ser alto, grandes bigodes. Ombros largos. No mínimo uns quarenta anos...

Mas as mulheres são mais sonhadoras:

— Ah! Esse rapaz, com uma voz tão simpática, deve ser um homem encantador...

E no 'erre' arrastado desse encantador, colocam todo o desejo curioso de conhecer aquele homem que fala no rádio."[35]

---

[35] César Ladeira, *Acabaram de ouvir... Reportagem numa estação de rádio*, São Paulo, Companhia Editora Nacional, 1933 (com desenhos de

A criação desse "artista de rádio", no entanto, não foi imediata. Como o próprio César Ladeira notaria, os primeiros locutores encarregados de ler anúncios e textos noticiosos diante dos microfones eram tão amadores e sem recursos quanto os programas, geralmente à base da transmissão da música de discos ou de intermináveis audições de piano a cargo de alunas de professores do instrumento, interessadas na divulgação de seus nomes:

> "O rádio em seu início em São Paulo [escrevia César Ladeira, referindo-se à realidade do *broadcasting* paulistano de 1930] dava marcha a ré. Nada de novo, a não ser algum ou outro samba, editado há oito meses atrás, e interpretado conscientemente mal pela senhorita Dolores de Soiza, que tomava parte gentilmente no programa."[36]

Com essa referência irônica a uma "senhorita Dolores de Soiza, que tomava parte gentilmente no programa", César Ladeira se referia, na realidade, ao espírito elitista e necessariamente amadorístico que presidira à formação das primeiras rádios nascidas de clubes, com sócios pagantes. Pois esse panorama estava destinado a modificar-se quando, a partir dessa mesma década de 1930, o crescimento da venda de aparelhos de rádio providos de válvulas (a caixinha do alto-falante separada, como nos conjuntos de som de hoje) originou uma competição de audiência que passou a exigir a dinamização do *broadcasting*. Era o que o mesmo César Ladeira tentava demonstrar ao escrever em suas crônicas do rádio da virada dos anos 1930:

Belmonte). César Ladeira, que chegou ao rádio vindo do jornalismo, dá ainda seu depoimento pessoal dizendo: "Mas o estúdio pareceu-me mais empolgante que a redação. O microfone, mais misterioso que a rotativa".

[36] *Id., ibid.*, p. 25.

"O ambiente era de teia de aranha. Necessitava-se higiene, ar, luz. Muito *flit*. Muita coisa nova que havia passado despercebida à mentalidade de casaca que dirigia as *broadcastings* existentes.

Finalmente, pouco a pouco, modificaram-se as coisas. Os colarinhos duros protestaram, mas os ouvintes começaram a gostar. E os aparelhos começaram a ser vendidos em maior escala."[37]

A chave da explicação para o impulso da popularidade do rádio, como novo instrumento tecnológico de difusão de possibilidades de lazer urbano, estava implícita naquele protesto dos "colarinhos duros". Embora o autor das crônicas não tenha aprofundado sua análise, o que estava querendo dizer era, simplesmente, que a profissionalização do rádio começava a se fazer pelo atendimento das exigências mais imediatas da massa, em prejuízo do sentido cultural-elitista prognosticado pelo pioneiro Roquette-Pinto — e, de certa maneira, ainda seguido pelos empertigados continuadores de "colarinhos duros".

Na crônica intitulada "O rádio pode contentar todo mundo?", o próprio César Ladeira contribuía para documentar essa conclusão ao imaginar uma cena passada na casa de um jovem, escrevendo muito preocupado em fazer literatura:

"— Quem sabe se no rádio estão tocando músicas de danças? Ligam o aparelho. Um violinista esfrega o arco no instrumento, interpretando um autor de nome estrangeiro.

— Telefona para lá e pede para eles tocarem umas músicas de dança.

Tocam. Falam. Pedem. Apresentam razões.

— Somos sócios, sim senhor... Mas, informam de lá:

---

[37] *Id.*, *ibid.*, p. 26.

— Sentimos muito, o nosso programa já está organizado. É impossível...

Há um desaponto geral, contagioso.

— Essas estações de rádio são uma droga!"[38]

Assim, quando finalmente se aprofundou essa contradição entre a preocupação cultural da radiodifusão e o interesse das camadas da classe média urbana, voltado exclusivamente para o divertimento, surgiu o rádio moderno: o rádio comercial, destinado a atender por todas as formas ao gosto massificado dos ouvintes, para maior eficiência da venda das mensagens publicitárias dos intervalos.

Desta forma — e nada por coincidência —, quando em 1927 surge no Rio de Janeiro a PRAK (depois PRA-9), seu proprietário é o capitalista e comerciante Antenor Mayrink Veiga, e, em 1931, quando na mesma cidade inicia suas atividades a Rádio Philips, PRAX, seus organizadores são os holandeses fabricantes dos aparelhos elétricos e de rádio daquela marca, resolvidos a promover as vendas dos seus artigos no Brasil através da autopropaganda.[39]

Esse novo tipo de programação produzida, acima de tudo, para a conquista da audiência dos chamados rádio-escutas, ou rádio-ouvintes, estava destinado a mudar não apenas o tipo de relacionamento com esse mesmo público (o tratamento de "sua senhoria" seria logo mudado para "amigo ouvinte", chegando no Rio de Janeiro o locutor Cristóvão de Alencar a aprofundar a intimidade ao dirigir-se a seus ouvintes com a expressão "ami-

---

[38] *Id.*, *ibid.*, p. 16. A fase "somos sócios, sim senhor" é uma referência ao fato de as primeiras rádios formarem-se com caráter de associações com contribuintes espontâneos, que pagavam a mensalidade de 5 mil-réis.

[39] A empresa Philips mantinha atividades no Brasil desde 28 de julho de 1924, e seu primeiro estúdio foi montado em uma sala do seu depósito da Rua Sacadura Cabral, próximo ao Cais do Porto, no Rio de Janeiro.

go velho"), mas implicaria ainda a adoção de uma série de modificações na própria estrutura das emissoras, sempre visando a uma aproximação maior com os ouvintes.

As novidades decorrentes dessa mudança seriam representadas, principalmente, pela variedade da programação, através do encurtamento dos horários (apareceriam os "quartos de hora"); pela radiodifusão de histórias (o chamado "teatro em casa"); pela maior participação de artistas populares em programas de estúdio (o que, em poucos anos, faria surgir os programas de auditório); pela nacionalização do chamado *cartaz* do rádio (ajudado inclusive pelo governo, com a inclusão de música popular no programa *A hora do Brasil*); e, finalmente, pela presença de figuras do próprio povo diante dos microfones (programas de calouros).

O fato de essa atividade radiofônica ligada às mais recentes conquistas da tecnologia ser absolutamente nova, e não encontrar paralelo em qualquer outro campo de produção para o lazer, transformou o caminho para o rádio "moderno" numa sucessão das mais imprevistas experiências.

O rádio norte-americano, naturalmente, oferecia alguns modelos aos radialistas brasileiros, mas a falta geral de informações mais pormenorizadas sobre seu funcionamento obrigava os pioneiros a uma reinterpretação tão livre dessa experiência estrangeira, que as soluções acabavam ganhando um caráter absolutamente nacional.

É bem verdade que algumas das primeiras modificações no velho estilo do rádio pioneiro foram introduzidas exatamente pelo profissional brasileiro melhor informado sobre o mecanismo do rádio nos Estados Unidos: o locutor paulista César Ladeira. Esse conhecimento, porém, como demonstra por suas crônicas no livro *Acabaram de ouvir...*, era meramente jornalístico e resultava da leitura de artigos publicados na imprensa. César Ladeira sabia, por exemplo, que certos locutores norte-americanos criavam determinadas *imagens* perante seus ouvintes através da adoção de estilos próprios, e ele mesmo se referia a isso lembrando: "Muitos *speakers* americanos têm as suas manias". No entanto, as inovações que se encarregaria de introduzir no rádio brasileiro resultaram muito mais de inspiração do momento do que da imitação direta de recursos usados nos Estados Unidos. E um exemplo disso seria a criação da despedida sonora da emissora ao final da noite.

Segundo contaria em seu livro *Acabaram de ouvir...*, César Ladeira teve a ideia de sentar-se ao piano certa noite em que um colega locutor da Rádio Record lia o texto de encerramento da programação, e quando este finalmente despediu-se dizendo: "Amigos ouvintes, boa noite...", ele começou a tocar suavemente a valsa francesa "Le premier oui". Como lembraria o próprio autor da ideia: "Foi uma brincadeira. Ficou sendo uma inovação: era o boa-noite de todas as noites".[40]

De fato, o sucesso junto aos ouvintes foi tamanho, que a valsa de fim de programação acabaria merecendo uma crônica do poeta Guilherme de Almeida no jornal *O Estado de S. Paulo*, que começava:

> "Todas as meias-noites, agora, há uma triste, vagarosa morte por aí. É o fim da irradiação. É o começo do silêncio. O Rádio — sino desbotado deste século melancólico — dobra finados por si mesmo. É uma tristeza lenta e longa. Passou o último disco. O *speaker* já disse o 'boa-noite' irremediável. E de um piano invisível, sozinho, abafado entre lâminas pardas de asbestos isolantes de uma cabine, nasce a sinfonia citadina da meia-noite. Nasce, mal vive, e morre."[41]

A acreditar ainda no pioneiro César Ladeira — que a partir de setembro, quando se transfere para a Rádio Mayrink Veiga

---

[40] César Ladeira, *op. cit.*, p. 124.

[41] Citado por César Ladeira, *op. cit.*, p. 125.

César Ladeira ao microfone da Rádio Record de São Paulo, em 1932, quando do lançamento do primeiro *Jornal falado* do Brasil. Foto do arquivo de Paulo Machado de Carvalho.

do Rio, vai provocar uma revolução também no rádio carioca —, as primeiras grandes reformas nas "antigas normas de irradiação" aconteceram durante o ano de 1931 em São Paulo, quando um grupo liderado por Paulo Machado de Carvalho comprou de Álvaro Liberate de Macedo a PRAR, Rádio Record, por 25 contos de réis. A pequena emissora, que funcionava precariamente no centro da cidade, no prédio da esquina da Avenida São João com a Rua Libero Badaró, não tinha então condições de enfrentar a sua concorrente, Rádio Educadora Paulista (hoje Rádio Gazeta), até então mantendo com bons resultados uma programação de cunho elitista, ainda dirigida aos ouvintes com o cerimonioso tratamento de Vossa Excelência.

Conforme lembraria Paulo Machado de Carvalho, mais de quarenta anos depois, a Record tinha sido até aquele despontar da década de 1930 dirigida por boêmios ("dentro de um piano foram encontradas centenas de tampinhas de cerveja que impediam a movimentação das cordas"), não havendo em seu estúdio mais do que "quatro metros quadrados para trabalhar".[42]

Uma das primeiras ideias destinadas a movimentar a programação da nova Record — que começou logo adotando a fórmula "amigo ouvinte" — foi a da transmissão de óperas ao vivo.

Essa e muitas outras sugestões, porém, esbarravam exatamente naquele obstáculo comum a todas as emissoras pioneiras: a exiguidade de espaço dos estúdios.

> "Os professores, os músicos no início [lembra Paulo Machado de Carvalho] não cabiam no precário estúdio da rádio e foi necessária a interferência de pedreiros: metade do grupo de músicos ficava, então, numa sala contígua e a outra metade no próprio estúdio; ambos os grupos separados apenas por uma abertura na parede e pela divisão dos microfones."[43]

A derrubada dessa parede foi simbólica porque, como logo se comprovaria, a modernização da programação paralela ao surgimento do conceito de rádio comercial estaria intimamente ligada à existência de cada vez melhores estúdios e, logo, de palcos-auditórios.

---

[42] Paulo Machado de Carvalho, "Tudo aconteceu em 50 anos" (entrevista), *O Estado de S. Paulo*, São Paulo, 5 maio 1974.

[43] *Id.*, *ibid.*

4.
PRIMEIROS ESTÚDIOS:
O TEMPO DOS AQUÁRIOS

Ao democratizar o tom das transmissões ao nível da intimidade representada pela expressão "amigo ouvinte", os responsáveis pelo novo rádio dos anos 1930 acabaram despertando nesses milhares de amigos anônimos uma curiosidade e um desejo de aproximação que levaria muitos deles a não se contentarem mais com o papel passivo de ouvintes distantes. Assim, como um número cada vez maior de curiosos começava a procurar as emissoras para "ver" os programas, e a própria formação de quadros de novos profissionais tornava impraticáveis as antigas instalações improvisadas em salas de velhos casarões, inaugurou-se a corrida à novidade dos estúdios.

Inicialmente isolados por paredes de vidro, formando os chamados *aquários*, essa espécie de palco de um novo teatro de público ainda ausente se tornaria, em pouco tempo, um centro de polarização de interesses e curiosidades, que a imprensa e as próprias rádios se encarregariam de capitalizar em favor de uma conquista de audiência, cujos níveis iam servir para determinar, em seguida, seu grau de sucesso comercial.

As iniciativas destinadas à consolidação dessa nova estrutura do rádio brasileiro iam marcar a sua evolução durante toda a década de 1930, ao mesmo tempo que a falta de experiência, a precariedade de meios e a pobreza de capitais transformavam essa empresa numa sucessão de episódios quase sempre cômicos.

A primeira dificuldade para a adaptação das emissoras de rádio à sua nova realidade era representada pelo fato de tais emissoras estarem quase sempre instaladas nos prédios os menos indicados para seu funcionamento.

Primeiros estúdios: o tempo dos aquários

Em São Paulo, a Rádio Educadora ocupava os altos do Palácio das Indústrias, na Rua do Gasômetro, e, no Rio de Janeiro, o próprio pioneiro Edgar Roquette-Pinto era obrigado a uma verdadeira peregrinação, da Academia de Ciências para a sala de Física da Escola Politécnica, para a Livraria Científica Brasileira, na Rua São José, 14, para o Pavilhão da Tchecoslováquia, na Exposição do Centenário, de 1922, e, finalmente, em 1928, para os segundo e terceiro andares do prédio número 45 da Rua da Carioca.

Era evidente que a nova mentalidade do rádio dirigido ao "amigo ouvinte" não poderia continuar admitindo os estúdios de quatro metros quadrados, em que só cabiam o piano, o locutor e o cantor que, muitas vezes, segundo testemunho do velho cantor Paraguaçu, era obrigado a virar-se de costas para soltar a voz, a fim de não quebrar com o excesso de vibração sonora o cristal do microfone.

Um exemplo da impossibilidade de conciliar o ambiente acanhado das saletas improvisadas em estúdio com as exigências do rádio popular que estava surgindo é fornecido hoje através de um episódio contado com bom humor por um dos pioneiros da radiodifusão carioca, o velho Ademar Casé. Segundo conta Casé, seu programa dos domingos na Rádio Philips, das oito às onze da manhã, que já reunia às vezes dez e mais pessoas na sala única do "estúdio", ainda teve que somar nova e inesperada figura ao eclodir a revolução de São Paulo de 1932: o censor do governo.

> "Meu programa [conta Ademar Casé] tinha um censor que era um fenômeno. Um dia fizemos um desafio entre João de Barro, Almirante e Noel Rosa, acompanhados por um regional, todos em volta de um único microfone, numa ginástica incrível. A toda hora o censor metia a cabeça entre os artistas, atrapalhando o trabalho. Quando eu chamei sua atenção, ele expli-

cou: 'Quero ver se eles estão fazendo gestos para São Paulo'."[44]

A situação, em termos de confusão e acotovelamento, não devia ser muito diferente na Rádio Clube, desde 1926 com seu estúdio em cima dos Correios e Telégrafos, no Largo do Machado, nem na depois poderosa Rádio Tupi, cujas instalações "feias, pequenas e muitas vezes sujas, segundo o testemunho do cronista Caribé da Rocha, tinham sido improvisadas em 1935 em um antigo armazém de café, para os lados do bairro da Saúde".[45]

Nesses estúdios em que os assistentes ficavam separados dos artistas pelo vidro fixo do "aquário" — pois não havia ainda o que depois se chamaria de palco-auditório —, a presença de um público heterogêneo provocava as situações mais estranhas. Segundo Caribé da Rocha, responsável pela coluna "Falando de Todo o Mundo", do jornal *Correio da Noite*, do Rio de Janeiro, na maioria desses estúdios — "que quando tinha doze cadeiras era muito" —, o barulho era "ensurdecedor" e as condições téc-

---

[44] Ademar Casé, "Casé, o programa dos anos quarenta" (entrevista), *O Globo*, Rio de Janeiro, 28 out. 1973. Uma cena de estúdio da época a que se refere Ademar Casé foi magnificamente documentada em charge a bico de pena pelo desenhista Seth, como se pode ver em seu álbum *Exposição: desenhos a pena de Seth (1929-1936)*, Rio de Janeiro, Atelier Seth, 1937.

[45] Na mesma seção "Comentando..." de sua coluna "Falando de Todo o Mundo" no jornal *Correio da Noite*, do Rio de Janeiro, de 19 de julho de 1940, em que comentava as péssimas instalações das emissoras de rádio da época, Caribé da Rocha acrescentava, ainda referindo-se à Rádio Tupi: "E dizer-se que a PRG-3 é a estação que tem apresentado as maiores celebridades artísticas estrangeiras que têm atuado em nossos microfones". Na verdade, uma foto da inauguração da Rádio Tupi, publicada na revista *O Cruzeiro* de 21 de setembro de 1935, mostra a "grande orquestra de professores", sob a direção de Villa-Lobos, quase imprensada na parede pelos músicos da orquestra. Três anos depois, em outra foto na revista *O Cruzeiro*, de 1º de outubro de 1938, podem-se contar não mais de quarenta cadeiras reservadas ao público que, assim, na sua grande maioria assistia aos programas de pé.

Primeiros estúdios: o tempo dos aquários

nicas, simplesmente ridículas. Ao anunciar em 1939 a possibilidade da mudança da Rádio Tupi do Rio para o Edifício Cineac, na Avenida Rio Branco (na realidade iria para a Avenida Venezuela, sua sede definitiva), o médico especializado em noticiário radiofônico, Caribé da Rocha, escrevia em sua coluna no *Correio da Noite*, na seção "Comentando...":

> "Francamente, aquelas instalações são incríveis. O vidro que separa o auditório do estúdio deforma a fisionomia de quem estiver em um, sendo observado do outro, e vice-versa. Isto é, os artistas no estúdio são vistos de fora, do auditório, de forma completamente diversa do que são em realidade."

E isso não era tudo, porque, segundo acrescentava Caribé, havia algo mais "chocante":

> "Quem estiver vendo o artista não o estaria ouvindo, porque — pelo menos ontem — um rádio colocado em má situação, e de 'volume' pequeno, nada deixava perceber a quem estivesse a uma distância de três metros dele."[46]

A retirada desse vidro — tema que foi, aliás, o cavalo de batalha do cronista Caribé da Rocha em sua coluna, a partir de meados de 1939 — ia constituir de fato a queda da última barreira que impedia o rádio de transformar-se no teatro dos pobres dos grandes centros urbanos.

Mesmo antes do fim dos *aquários*, no entanto, várias das emissoras que surgiam pelo início dos anos 1930 já dividiam suas instalações em estúdio propriamente dito e auditório capaz de

---

[46] Caribé da Rocha, crônica da seção "Comentando...", *Correio da Noite*, Rio de Janeiro, 11 maio 1939.

abrigar um pequeno público, o que dava início ao processo de aproximação pessoal dos ouvintes com os artistas do rádio, apesar do obstáculo material dos vidros.

Em reportagem sobre os auditórios das principais emissoras do Rio de Janeiro de fins de 1936, a revista *Carioca* (que assim denunciava, pela própria escolha do tema, o interesse do público pela vida dos estúdios) revelava no estilo precioso do jornalismo da época:

> "Ambiente de alegria e entusiasmo se observa na PRD-2, Rádio Cruzeiro do Sul, PRC-8, Rádio Guanabara, PRH-8, Rádio Ipanema. Todas essas emissoras não fazem grande questão de solenizar os circunstantes com grandes exigências, embora exijam respeito e ordem. A Cruzeiro do Sul, no entanto, muitas vezes costuma vedar a entrada de grandes grupos turbulentos e apesar disso está quase sempre com um aspecto superlotado."[47]

Com a expressão meio ambígua "não fazem questão de solenizar os circunstantes", o rebuscado repórter da revista *Carioca* queria dizer que os responsáveis pelas emissoras não procuravam mais dificultar com quaisquer exigências a entrada do público formado por uma boa parte de pessoas do povo, e que chegava algumas vezes a originar certos excessos e inconveniências. Ao menos a julgar pelo que informava a mesma reportagem, ao comentar:

> "A Rádio Guanabara, na sua qualidade de 'estação do povo', é, talvez, uma das rádios mais liberais sob o ponto de vista da disciplina. Mas também há

---

[47] Reportagem "Por dentro das cortinas dos estúdios", revista *Carioca*, n° 55, Rio de Janeiro, 7 nov. 1936.

Primeiros estúdios: o tempo dos aquários 67

aí cordialidade, não sendo exigidos convites para o ingresso."[48]

Com mais ou menos liberalidade ("a PRE-4, Rádio Jornal do Brasil, não exige convites para o ingresso de pessoas estranhas, mas se reserva o direito de vedar a entrada de qualquer elemento pernicioso"), a verdade é que as emissoras de rádio do Rio e de São Paulo começavam a perceber a importância da participação viva do público, o que logo lhes ia sugerir o aproveitamento do clima emocional dos auditórios em programas capazes de identificar muito mais os seus prefixos com os distantes "amigos ouvintes".

Esse caminho para os programas realmente populares havia sido aberto em 1932 com a criação, na Rádio Philips, do logo famoso *Programa Casé*, e no qual — em clima de improvisação geral — Noel Rosa e Marília Batista tinham liberdade, inclusive, para promover a loja do anunciante, O Dragão, improvisando versos com base no estribilho do samba de partido alto "de babado sim/ meu amor ideal/ de babado não". Isso em meio à confusão de artistas e assistentes acotovelados numa mesma sala.

Motivados por esse clima de intimidade que começava a ser estabelecido com artistas e locutores, muitos ouvintes passaram a fazer dos estúdios das rádios não apenas um centro de diversão, mas um local a mais de reunião social.

Em uma crônica da seção "Comentando...", Caribé da Rocha, após contar que encontrara fechada a porta da Rádio Vera Cruz, PRE-2, ao procurar visitar suas instalações, em junho de 1940, escrevia entre irônico e escandalizado:

---

[48] *Ibid.*

"Na janela do segundo andar, onde funciona a emissora, um jovem casal agarradinho, juntinho, possivelmente trocava juras de amor."[49]

Além de ponto de encontros amorosos (como tinham sido, aliás, as coxias do teatro de revistas nas primeiras décadas do século), os estúdios de rádio erigidos em modernas casas de diversão — uma vez que a concentração urbana estava provocando o fim dos pavilhões e afastando os circos de cavalinhos para pontos cada vez mais distantes — permitiam o desencadeamento de um tipo novo de paixão: a admiração dos *fãs* pelos *cartazes*.[50]

Tal como já havia acontecido no teatro musicado, no século XIX, com a criação dos *partidos* (grupos rivais na admiração de determinadas cantoras ou vedetas) a paixão pelos grandes ídolos ou cartazes do rádio chegou a originar tumultos nos estúdios, que incluíam muitas vezes a transmissão de palavrões através dos microfones.

Segundo noticiaria ainda Caribé da Rocha em sua coluna "Falando de Todo o Mundo", de 24 de maio de 1940, durante um desentendimento entre o locutor da Rádio Vera Cruz e um dos cantores, o esquecimento do microfone aberto permitira aos "amigos ouvintes" daquela emissora participar da discussão no estúdio ouvindo sonoros palavrões. Três meses depois, no entanto, essa participação seria ainda mais empolgante porque, em lugar da explosão individual do locutor, o que as pessoas sintonizadas na mesma PRE-2 tiveram oportunidade de ouvir foi a

---

[49] Caribé da Rocha, crônica da seção "Comentando...", *Correio da Noite*, Rio de Janeiro, 12 jun. 1940.

[50] A palavra *fã* — que na década de 1930 se escrevia *fan* — resultou da redução do vocábulo inglês *fanatic* (fanático), empregado para designar os admiradores exacerbados dos então nascentes ídolos de massa (rádio e cinema, principalmente). No Brasil esse ídolo recebeu o nome de *cartaz* pela razão óbvia de ter o nome impresso com relevo nos cartazes de anúncio dos espetáculos.

transmissão de um autêntico conflito que — conforme esclareceria Caribé da Rocha — "começou no auditório e terminou no estúdio".

Ao comentar o episódio (lembrando, aliás, que a liberalidade da Rádio Vera Cruz já o escandalizara durante sua visita, meses antes), o colunista do *Correio da Noite* descrevia o ambiente do estúdio com pormenores que, hoje, ganham o valor de um documento:

> "Depois que se consegue subir, pelo menos no dia em que lá fomos, o barulho no auditório é simplesmente ensurdecedor. A grande, a absoluta maioria dos presentes era constituída por portugueses. Discussões acaloradas sobre o valor dos artistas, ouvimos várias. Nas janelas, namorados agarradíssimos, numa intimidade absolutamente imprópria para um lugar público e frequentado por famílias. Vimos mesmo um rapaz cantando fados baixinho, ao ouvido da sua deusa, e ao mesmo tempo fazendo gestos bastante comprometedores..."[51]

Muito curiosamente, enquanto as emissoras cariocas caminhavam assim para nova fase de rádio à base de programas dirigidos às grandes camadas, com a presença do próprio povo em seus espetáculos de palco-auditório, em São Paulo a evolução dos estúdios se fazia no sentido do luxo e da sofisticação.

A primeira dessas instalações de rádio construída com preocupação de obter ambiente refinado foi a da Rádio Kosmos (depois Rádio América, PRE-7, de São Paulo), inaugurada no dia 15 de outubro de 1934, e que — segundo o redator do *Almanaque do Rádio Paulistano* — "primava pela elegância de suas instalações".

---

[51] Caribé da Rocha, crônica da seção "Comentando...", *Correio da Noite*, Rio de Janeiro, 9 ago. 1940 (coluna "Falando de Todo o Mundo").

Situada na Praça Marechal Deodoro, um dos pontos centrais de São Paulo, o auditório da Rádio Kosmos era composto por um amplo salão sem colunas, dividido ao meio por uma lona passadeira, à direita e à esquerda da qual se dispunham cinquenta mesas, cada uma com quatro poltronas de vime à volta, e de onde "seus ocupantes, através de campainhas, mantinham contato com o bar, que os servia como numa elegante boate".[52] O bar, de fato, ficava à esquerda da entrada do salão, ao fundo do qual se entrava para os dois estúdios laterais separados por vidros, e sobre os quais havia ainda uma tela permanente para exibições de filmes.[53]

Cinco anos depois da inauguração desses modernos estúdios da Rádio Kosmos, outra emissora de São Paulo ia surpreender o colunista carioca Caribé da Rocha com a suntuosidade das suas instalações. Impressionado com as notícias sobre um chamado *Palácio do Rádio*, construído na capital paulista, Caribé da Rocha viajou para aquela cidade em fins de 1939 com o objetivo expresso de conhecer o novo edifício da Rádio Cultura, PRE-4, a Voz do Espaço. E nessa visita, se alguma coisa o decepcionou, foi exatamente o excesso de aparato com que os sofisticadíssimos radialistas paulistanos o receberam. A Rádio Cultura, instalada no edifício da Avenida São João, 1.285 — que receberia o nome de Palácio do Rádio —, mantinha um porteiro vestido a rigor, e "que tinha na mão um pequeno aparelho, com o qual registrava

---

[52] Notícia não assinada sobre a Rádio América, mas quase certamente da autoria de Tirso Pires, editor do *Almanaque do Rádio Paulistano* de 1951, p. 13. Para a Rádio Kosmos (que contaria com um quarteto dirigido pelo grande compositor Marcelo Tupinambá) foram chamados, do Rio de Janeiro, Luís Peixoto e Ary Barroso, responsáveis pela novidade da instalação de alto-falantes nas ruas durante o carnaval de 1935, em São Paulo.

[53] Descrição conforme foto cedida ao autor deste livro pela viúva de Renato Torres de Carvalho, fundador da Rádio Kosmos, Sra. Maria de Lourdes Campos de Carvalho, falecida em São Paulo em 1975, e a quem ficamos devendo também importantes informações sobre o espírito de centro de reunião elegante proposto por aquela emissora.

Primeiros estúdios: o tempo dos aquários

o número de pessoas que tinha acesso ao estúdio". Enquanto isso, "em cima" — como narrava ainda Caribé da Rocha em sua coluna do *Correio da Noite* —, "vários *boys* fardados com primeiro uniforme indicavam o caminho".[54]

O interessante é que, tal como no caso da Rádio Kosmos, essa luxuosa Rádio Cultura de São Paulo também procurava colocar seu público de classe A em contato direto com os artistas, no palco, abolindo a indefectível separação de vidro. E esse detalhe não escapou ao comentarista, que escreveria, em sua coluna:

> "Há tempos lembramos aos mentores do *broadcasting* brasileiro, a ideia de se tirar o 'aquário' dos estúdios, transformando-os em verdadeiro teatro de variedades, com entrada paga. A Rádio Cultura fez isso."[55]

De fato, as separações de vidro estavam prestes a desaparecer, mas condições especiais de participação popular na vida social das duas cidades iam fazer com que os ambientes das emissoras paulistanas continuassem discretos, enquanto os das rádios do Rio de Janeiro explodiriam no delírio coletivo dos chamados programas de auditório.[56]

---

[54] Caribé da Rocha, crônica da seção "Comentando...", *Correio da Noite*, Rio de Janeiro, 19 dez. 1939.

[55] *Id., ibid.*

[56] Em São Paulo foi lenta a conquista dos auditórios pelas camadas mais baixas da população, e jamais sua participação ativa nos programas de rádio chegou ao nível alcançado no Rio de Janeiro. Nas emissoras paulistanas os frequentadores da alta classe média viam como intrusas as pessoas do povo que pretendiam disputar um lugar no estúdio para assistir aos programas a seu lado. Uma nota do autor paulista João Batista Borges Pereira, ao pé da página 57 do seu livro *Cor, profissão e mobilidade: o negro e o rádio de São Paulo*, mostra isso de maneira concisa e definitiva, através de um

Instalações da Rádio Kosmos (depois Rádio América, PRE-7), inaugurada a 15 de outubro de 1934. Situada no centro de São Paulo, pretendia atrair um público de alta classe média, oferecendo bar (uma campainha em cada mesa, para chamar o garçom), cinema e tardes dançantes. Foto cedida ao autor pela Sra. Maria de Lourdes Campos de Carvalho, viúva do fundador da Rádio Kosmos, Renato Torres de Carvalho.

Estúdio da PRE-8, Rádio Nacional, do Rio de Janeiro, em 1938, ainda com a separação plateia-auditório pelos vidros que transformavam o estúdio em um "aquário". Foto publicada na revista *Carioca*, do Rio de Janeiro, de 1º de janeiro de 1938.

O impulso definitivo para essa nova fase do rádio, logo responsável por enorme influência sobre a evolução da música brasileira, na área das gravações e da profissionalização artística, verificou-se nos últimos anos da década de 1930, quando, no Rio de Janeiro, começa a movimentação efetiva dos dirigentes das principais emissoras no sentido da conquista de condições para o aproveitamento da participação popular.

Em crônica publicada no *Correio da Noite*, do Rio, em dezembro de 1939, na qual anunciava a perspectiva da mudança da Rádio Clube, PRA-3, para novas instalações no Edifício Cineac, da Avenida Rio Branco, o colunista Caribé da Rocha relembrava ter sido o primeiro a levantar a bandeira dos teatros nas rádios e já podia anunciar:

> "A Nacional demonstrou compreender a vantagem do que aqui expusemos. A estreia de Barbosa Júnior veio comprovar isto. De agora em diante a PRE-8 vai apresentar espetáculos teatrais aos domingos. Lá

---

depoimento preciso: "Um de nossos informantes, que ocupou altas posições na vida radiofônica e acompanhou de perto a evolução do rádio paulista, conta que, em 1935, a antiga Rádio Kosmos, hoje América, inaugurou o primeiro auditório de São Paulo. Tal auditório — espécie de clube de elite, luxuoso e fechado, onde rapazes de alta burguesia se reuniam para divertir-se —, assediado pelas massas que então começaram a procurar o rádio, a busca de diversões gratuitas, 'foi obrigado a abrir suas portas aos intrusos'". Essa diferença na evolução das rádios do Rio e de São Paulo se explica pelo fato de já existir uma tradição de participação das camadas mais baixas da população carioca na organização do lazer urbano (cordões, ranchos, escolas de samba, gafieiras, etc.), enquanto a população proletária de São Paulo, de formação mais recente, e etnicamente muito diferenciada (por força da participação de grandes contingentes de imigrantes estrangeiros), ainda não tinha consciência de suas possibilidades dentro da estrutura social. O autor deste livro, embora reconheça a alta importância deste fato para a história e interpretação (inclusive psicológica) de fenômenos de cultura popular urbana, não desenvolve aqui o tema mais profundamente por achar que extrapolaria ao presente trabalho, ainda em nível de pesquisa primária.

já se cogita de fechar o terraço que fica atrás do auditório, com o fim de tornar este ainda maior. E o povo paga, indiretamente, embora, o seu ingresso na Nacional. Como é fácil de se compreender, as emissoras teriam uma renda grande, sem prejuízo do número de ouvintes, pois em nada estes espetáculos diminuiriam a popularidade dos cantores e demais artistas."[57]

Antes de terminar o ano de 1940, o mesmo cronista voltava ao assunto para informar, já agora, que os novos tempos tinham chegado, não sem invocar ainda uma vez a paternidade da campanha em favor dos "teatros-auditórios":

> "E felizmente parece que a nossa ideia vai tendo adeptos [escrevia Caribé em sua coluna 'Falando de Todo o Mundo' de 2 de outubro de 1940] e portanto vai sendo posta em prática. A Nacional fez logo um palco. Precário, é verdade, mas a grande emissora da Praça Mauá tem muito espaço, e tudo faz crer que o aproveite fazendo um excelente auditório. A Mayrink dentro de uns quinze dias deverá inaugurar o seu novo auditório, montado com certo luxo, embora com pequenas dimensões. A Tupi está estudando vários projetos para iniciar a construção de dois andares em edifício de propriedade dos *Diários Associados*, à Avenida Venezuela."

E era neste ponto que Caribé acrescentava, revelando a vitória da nova concepção de auditórios destinados a programas ao vivo:

---

[57] Caribé da Rocha, crônica da seção "Comentando...", *Correio da Noite*, Rio de Janeiro, 2 out. 1940 (coluna "Falando de Todo o Mundo").

Primeiros estúdios: o tempo dos aquários

Palco-auditório da Rádio Mayrink Veiga, PRA-9, do Rio de Janeiro, inaugurado em 10 de março de 1941, quando foi executado pela orquestra sob a direção de Pixinguinha o "Hino Oficial da Rádio Mayrink Veiga", com música de Rubens Brito e letra do locutor Urbano Lopes. O locutor-chefe e diretor artístico da emissora era o campineiro César Ladeira.
Foto publicada na revista *Vida Doméstica*, de abril de 1941.

"Tanto na PRA-9 [Rádio Mayrink Veiga] como na PRG-3 [Rádio Tupi] já não mais haverá o inadmissível vidro."[58]

Além dessas duas emissoras, a Rádio Clube dava também os últimos retoques em suas novas instalações no Edifício Cineac, e cuja maior novidade seria seu auditório com quase trezentas cadeiras. E foi assim que, quando esse fabuloso auditório ficou

---

[58] Caribé da Rocha, crônica da seção "Comentando...", *Correio da Noite*, Rio de Janeiro, 17 nov. 1939.

Capa da partitura do "Hino Oficial da Rádio Mayrink Veiga", de março de 1941, e em cuja letra se revelava a identificação do rádio com o seu público: "Avante colegas, cantando.../ Avante fãs do coração.../ Cantemos todos proclamando/ A glória da 'Sua Estação'" ("Sua Estação" era o *slogan* criado por César Ladeira para identificar a PRA-9). Partitura da coleção do autor (hoje no Acervo Tinhorão do Instituto Moreira Salles, no Rio de Janeiro).

pronto, no início do novo ano (a inauguração se deu a 19 de janeiro de 1941), um dos programas de maior sucesso da nova Rádio Clube seria o *Chá-dançante*, com a presença de público dançando das 17 às 20 horas.

Assim, a partir do início da década de 1940, o rádio brasileiro assume definitivamente a sua vocação de teatro — casa de diversão (e muitas vezes circo), ao gosto e alcance das grandes camadas urbanas. E era isso que ia permitir em pouco tempo a representantes do povo subirem ao palco, já agora para fazer o público ouvir também as suas vozes, aproveitando o aparecimento do tipo de programa de maior representatividade popular do rádio: os chamados "programas de calouros".

5.
OS PROGRAMAS DE CALOUROS:
O POVO NO PALCO

Os programas de concursos supostamente destinados a revelar novos talentos para o rádio aparecidos a partir de 1935, e genericamente chamados de "programas de calouros", estavam destinados a ganhar nas décadas de 1940 e 1950 uma dimensão sociológica que só agora começa a ser posta em relevo.

Em um estudo intitulado *Cor, profissão e mobilidade: o negro e o rádio de São Paulo*, publicado em 1967, o professor João Batista Borges Pereira, ao pesquisar as razões que levavam tantos negros e mulatos pobres a se inscreverem em programas de calouros das rádios paulistanas, na virada de 1950 para 1960, mostrava que tais motivos não deviam ser buscados apenas em propósitos de entretenimento ou de prazer estético. E escrevia:

> "[...] acima do desejo de entretenimento gratuito e do prazer estético, persistem como força canalizadora interesses de categorização social, através da profissionalização numa esfera de atividade onde as perspectivas de alta remuneração econômica, de prestígio, popularidade e até de glória se apresentam irresistivelmente tentadoras para um grupo social cujas oportunidades de enquadramento na estrutura global, e mesmo ocupacional, têm-se mostrado tradicionalmente tão limitadas."[59]

---

[59] João Batista Borges Pereira, *Cor, profissão e mobilidade: o negro e o rádio de São Paulo*, São Paulo, Livraria Pioneira Editora, 1967, pp. 108-9.

De fato, tal como os auditórios de rádio iam ganhar com o passar do tempo o caráter de casas de diversão e teatro das camadas mais pobres da cidade, os programas de calouros acabariam transformando-se desde cedo na grande miragem daqueles que, entre esse mesmo povo, acreditavam possuir qualidades artísticas capazes de projetá-los no mundo maravilhoso da "gente do rádio".

Conseguir um lugar nos quadros artísticos de uma emissora de rádio equivalia a realizar, de uma só vez, duas das mais respeitáveis necessidades humanas, ou seja, ganhar o necessário para viver e afirmar a sua personalidade, tornando-se alguém capaz de ser reconhecido no meio da multidão. E era isso que ia explicar, desde logo, o fato de os candidatos indicarem, invariavelmente, na maneira de cantar, a influência de algum dos maiores cartazes da época. Na verdade, a fixação na figura do ídolo tomado como exemplo era tão grande que a projeção acabava se completando necessariamente na imitação da voz ou do estilo do artista escolhido para referência.

O fato, porém, de as camadas populares urbanas brasileiras ainda não estarem estruturadas transformava quase sempre essa tentativa idealista de ascensão social numa dramática experiência pessoal. E, com o passar do tempo, chegou-se a conhecer casos de calouros que frequentavam os mais diferentes programas durante anos, destruindo com o irrealismo do seu sonho de realização artística as poucas expectativas reais que suas pobres existências lhes poriam ao alcance, na vida prática.[60]

---

[60] Em interessante reportagem sob o título "Sônia Amaral vai cantar na televisão terça-feira, dia 2", o jornalista Flávio Márcio contou no *Jornal da Tarde*, de São Paulo, de 30 de agosto de 1969, a história de uma humilde moça de cor negra que há dez anos vivia a esperança da descoberta de suas qualidades de cantora, comparecendo regularmente a programas de auditório com incrível sacrifício, e enfrentando incompreensões e problemas de família. No início da década de 1970, ainda em São Paulo, um candidato frustrado a um lugar na televisão se suicidaria deixando uma fita gravada em que acusava determinados nomes famosos do meio de o terem enganado

De qualquer forma, através dos programas de calouros do rádio das décadas de 1930 a 1950, homens e mulheres do povo iam poder subir aos palcos, fazendo ouvir pela primeira vez suas vozes anônimas. E se, para milhares desses representantes da camada humilde dos "amigos ouvintes", essa tentativa de escalada profissional e social não passava de uma ilusão, esses mesmos programas de calouros não iam deixar de revelar, afinal, algumas vocações populares — primeiro para o rádio e depois para a televisão.

A ideia de promover talentos através de concursos radiofônicos surgiu em São Paulo, segundo afirmaria mais tarde seu criador, o locutor Celso Guimarães, em janeiro de 1933, na então PRAO, Rádio Cruzeiro do Sul, do grupo Byington. Em artigo publicado no número 5 da *Revista da Rádio Nacional*, de dezembro de 1950, Celso Guimarães lembrava que, ao ler a publicação americana *Variety*, em fins de 1932, teve sua atenção despertada para a descrição do programa *Hora do amador*, de Major Bowes, então transmitido semanalmente em Nova York pela rádio WHN.

> "Tal artigo [contava Celso Guimarães] me deu ideia suficiente de como era feito o programa, já considerado sucesso no *broadcasting* americano. E resolvi planejar audição idêntica para a PRAO."[61]

---

com falsas promessas. Apesar da experiência dolorosa que esse fato representava, uma emissora de rádio paulista, interessada em explorar o caso pelo lado sensacionalista, chegou a pôr no ar uma falsificação da gravação deixada pelo suicida, fazendo gravar por um locutor o texto aproximado das declarações do falecido. No Rio de Janeiro, na década de 1950, um desses casos dramáticos de tentativa de chegar ao rádio foi contado em livro pelo ex-locutor de alto-falantes da cidade mineira de Ituiutaba, Ribeiro de Meneses. Esse depoimento patético, verdadeira saga de frustrações e humilhações, foi publicado sob o título *O pistolão*, em 1953, no Rio de Janeiro, em edição custeada pelo autor.

[61] Celso Guimarães, "Calouros", *Revista da Rádio Nacional*, Rio de

Os programas de calouros: o povo no palco

Celso Guimarães lembrava ainda ter comunicado a ideia ao diretor artístico da rádio, o pianista Gaó, que o estimulou a tentar, realizando-se então uma reunião para a escolha do nome. O humorista e compositor Ariovaldo Pires, que mais tarde ficaria famoso no rádio sob o nome de Capitão Furtado, estava presente a essa reunião, e dele partiria o nome consagrado: lembrando-se dos trotes a que os veteranos do Grêmio XI de Agosto submetiam os alunos novatos da Faculdade de Direito de São Paulo, Ariovaldo ponderou que os candidatos ao rádio também não passavam de calouros. A observação do Capitão Furtado serviu para acabar com a discussão: ele tinha pronunciado a palavra que melhor definia a humilhação necessária do candidato à vida artística no rádio, e o programa foi intitulado *Os calouros do rádio*.[62]

A Rádio Cruzeiro do Sul de São Paulo funcionava então no último andar de um prédio do Largo da Misericórdia, e os programas iam para o ar transmitidos de uma sala tão desaparelhada que não possuía sequer o clássico vidro de separação do estúdio. Segundo lembra com precisão Ariovaldo Pires, foi nessa sala que se reuniram em 1933 (segundo lembrança de Celso Guimarães), ou em 1934 (conforme prefere situar Ariovaldo), os candidatos ao primeiro concurso de calouros, cabendo ao próprio Capitão Furtado abrir o programa com uma brincadeira destinada a ilustrar a mecânica da apresentação. Acompanhado por um pequeno conjunto, Ariovaldo começou a cantar com sota-

---

Janeiro, ano I, n° 5, dez. 1950, pp. 20-1 (série "A Nacional Tem Sua História Também...").

[62] Em depoimento ao autor deste livro, Ariovaldo Pires, o Capitão Furtado, repete a versão de que a ideia teria sido inspirada a Celso Guimarães por um filme norte-americano. A existência do depoimento escrito de Celso Guimarães, em seu artigo de 1950 para a *Revista da Rádio Nacional*, no entanto, inclina-nos a aceitar como melhor a explicação do próprio criador do programa.

que caipira de seu personagem Capitão Furtado o foxtrote "Too late", dos Irmãos Tapajós, e tanto desafinou — propositadamente — que foi interrompido por uma buzinada.[63]

A oportunidade de acompanhar de casa as tentativas de conquista artística da gente anônima das camadas mais humildes conferiu aos programas de calouros um interesse humano extraordinário. Os animadores desses programas, conforme seu temperamento ou sensibilidade, incentivavam ou ridicularizavam mais ou menos os esperançosos (e muitas vezes bisonhos) candidatos à consagração radiofônica. Os ouvintes, porém, não deixavam nunca de identificar-se com esses personagens que encarnavam, no fundo, seus próprios anseios frustrados de superação da rotina desumana da vida urbana.

Foi nesse programa de calouros pioneiro de Celso Guimarães que o compositor e locutor Ary Barroso ia inspirar-se, em 1936, para lançar no Rio de Janeiro um concurso semelhante, o caracterizado pela atribuição de pontos aos candidatos, conforme a qualidade de suas apresentações. Ary Barroso fora contratado em 1935 juntamente com o revistógrafo e letrista Luís Peixoto para a direção artística da Rádio Kosmos de São Paulo (cargo até então entregue ao cantor Jaime Redondo), e quando voltou ao Rio, após o carnaval de 1936, entre seus novos projetos figurava o da criação de um programa de calouros. Assim, ao transferir-se para a Rádio Cruzeiro do Sul do Rio de Janeiro, nesse mesmo ano de 1936, Ary Barroso lança a partir de 10 de julho, com enorme sucesso, o primeiro programa carioca do gênero: o programa de calouros no qual a buzina era substituída por uma sineta (e mais tarde por um gongo), manejada a um sinal convencionado do animador pela figura supostamente sinistra de um "carrasco".[64]

---

[63] Depoimento prestado ao autor por Ariovaldo Pires, Capitão Furtado, em julho de 1975.

[64] Reportagem "O programa de calouros visto por dentro", *Cine-Rá-*

Curiosamente, essa ideia de julgamento de qualidades artísticas, segundo um critério tribunalesco, que inclusive fazia supor, graças à presença do "carrasco", a possibilidade de condenação à morte de vocações populares, seria a marca dominante de todos os programas do gênero, de 1930 em diante. Critério esse que, por sinal, ia estender-se à era da televisão, fazendo conhecer nas décadas de 1960 e 1970 o furor inquisitorial de júris organizados por animadores de auditório como Flávio Cavalcanti, Sílvio Santos e Chacrinha, entre outros.

Uma ou outra vez, alguém tentava fazer variar o esquema, como Renato Murce, em 1937, ao criar o seu programa *Papel carbono*, em que os candidatos deviam se apresentar imitando a voz de algum cantor já famoso. Ou, ainda, como aconteceu em 1938, na Rádio Nacional, com os programas *Em busca de talentos* e *Novos de 38*, do mesmo pioneiro Celso Guimarães, onde não havia gongos ou sinetas, mas a chance de contrato aos melhores, para apresentações no próprio programa.[65]

De qualquer forma, o importante nos programas de calouros era o fato de que, mesmo considerando a posição desvantajosa dos candidatos — sujeitos, naturalmente, a padrões de julgamento muitas vezes fora da sua realidade sociocultural —, o rádio vinha permitir a representantes de grupos proletários fazerem ouvir suas vozes perante as outras classes sociais. E, na verdade, foi através dos programas de calouros que surgiram para a vida artística, de meados da década de 1930 a meados da década de 1950, dezenas de nomes que viriam a formar a grande constelação de "astros" do rádio, e logo depois da televisão.[66]

---

dio-Jornal, Rio de Janeiro, n° 2, 18 ago. 1938. O programa de calouros de Ary Barroso era irradiado aos domingos, das 20 às 21 horas.

[65] Informações colhidas na seção "Radiolândia", do tabloide *Cine-Rádio-Jornal*, Rio de Janeiro, n° 5, 8 set. 1938.

[66] Um primeiro levantamento aponta como oriundos de programas de calouros os cantores Risadinha e Alzirinha Camargo, em São Paulo, e, no

O fascínio do rádio e, a partir dos anos 1950, também da televisão, foi o responsável pela moderna figura de um personagem dramático: o candidato à vida artística chamado de "calouro", que aceita disputar um lugar nos quadros das emissoras em competição pública com outros candidatos. Reportagem publicada na revista *Domingo Ilustrado*, de 16 de abril de 1972.

Embora tratados muitas vezes de forma cruel, submetidos ao ridículo, os candidatos de programas de calouros furavam de certa maneira o esquema de "bom gosto" com que as camadas mais altas da sociedade defendiam as suas posições, surgindo

---

Rio de Janeiro, entre vários outros, Jorge Veiga, Ângela Maria, Jamelão, Carmélia Alves, Luiz Gonzaga, Ivon Curi, Cauby Peixoto, Dóris Monteiro, Lúcio Alves, Claudette Soares, Helena de Lima, Agnaldo Rayol, Chico Anísio, Baden Powell, e, já no programa de calouros da televisão *A grande chance*, de Flávio Cavalcanti, em 1968, a cantora-compositora Leci Brandão.

diante dos microfones (e mais tarde das câmeras de TV) com suas figuras e vozes rudes, o que forçava a ditadura dos modernos meios de comunicação a reconhecer ao menos a sua existência.

Essa participação popular no âmbito de um esquema tecnológico-cultural destinado, logicamente, a tornar-se em pouco tempo exclusivo das camadas médias da população (onde se recruta, afinal, a maioria dos compradores dos artigos anunciados nos intervalos comerciais) chegou a alcançar dimensões inesperadas nos primeiros programas de calouros. Ary Barroso, por exemplo, interessado em promover suas músicas carnavalescas, passou no fim da década de 1930 a estimular os candidatos do seu *Calouros em desfile* a comparecerem fantasiados aos programas que coincidiam com o período pré-carnavalesco. Os calouros — na sua maioria gente simples, e, no fundo, a mesma que fazia a fama do carnaval de rua do Rio de Janeiro — atendiam gostosamente ao apelo do animador, e os programas de Ary Barroso, nessa virada das décadas de 1930-1940, podiam orgulhar-se de uma participação popular dificilmente igualada depois.

O sucesso dos *Calouros em desfile* de Ary Barroso, aliás, ia tornar os concursos de candidatos ao ingresso no rádio obrigatórios em todas as emissoras cariocas. Surgiriam então, a partir de 1940, a *Hora do tiro* (depois *Hora do pato*) na Rádio Nacional; os *Calouros em apuros*, na Rádio Transmissora; *Pescando estrelas*, na Rádio Mayrink Veiga; *Tribunal de calouros*, e o patético *Aí vem o pato*, em que os calouros aprovados eram obrigados a permanecer ridiculamente sentados em fila, com coroas de lata na cabeça, enquanto aguardavam a possibilidade de descerem do "trono", derrubados por outro candidato mais ruidosamente aplaudido pelo público.[67]

---

[67] As brigas em torno da equidade na forma de interpretar o entusiasmo do público do auditório pelos diferentes candidatos levou, inclusive, à adoção de um aparelho medidor da intensidade dos aplausos, o chamado *palmômetro*, neologismo jamais registrado em qualquer dicionário.

Essa onda de popularidade dos programas de calouros do rádio, no entanto, não se estenderia além da década de 1950. Quando, a partir desses anos, a televisão começou a invadir a área anteriormente ocupada com exclusividade pelo rádio, a própria estrutura desse meio de comunicação começou a se modificar. E, assim, de nada valeria a mobilização de esforços como os da *Revista do Rádio* e do patrocinador do programa *Pescando estrelas*, no sentido de patrocinar concursos como o de 1957, cujo vencedor ganharia um contrato da Rádio Mayrink Veiga e outro da gravadora de discos Continental. Apesar de apresentar como madrinha do concurso Ângela Maria, "que, por coincidência, começou e se revelou também na PRA-9", o animador do programa, o antigo galã Arnaldo Amaral, não conseguiria repercussão além das reportagens de cobertura da também patrocinadora *Revista do Rádio*. A mesma revista, aliás, que publicava nesse número de 5 de janeiro de 1957, lançador do novo concurso de calouros, uma reportagem com o locutor Luís Jatobá sob o título: "Jatobá, de volta dos EUA: o rádio acabou na América".

"O rádio [dizia então significativamente o entrevistado] acabou na América, meu velho. Existe uma coisa chamada televisão, em estado adiantadíssimo e, o que é mais, televisão em cores, que é qualquer coisa de assombroso."

Na verdade, com o advento da televisão no Brasil, na década de 1950, os programas com participação direta do público, nos estúdios, passaram a declinar no rádio, até serem definitivamente extintos nos anos 1960, para dar lugar à nova era da informação-lazer musical, com base na quase exclusiva transmissão de gravações em discos. Os calouros passaram então para a televisão, mas a partir da década de 1970 quase como raridade: agora levando ao público não apenas as suas vozes rudes, mas a sua pobre imagem, a presença da gente do povo nos estúdios começou a ser considerada inoportuna e de mau gosto.

Os programas de calouros: o povo no palco

Com o fim dos programas de calouros, a participação das camadas mais pobres da população passou a circunscrever-se, exclusivamente, ao papel de público de programas de auditório das televisões, onde o povo é levado ao papel irrisório de claque comandada, a serviço dos interesses dos animadores e patrocinadores.

6.
O FENÔMENO DOS AUDITÓRIOS:
O POVO NA PLATEIA

Os programas de auditório de rádio, entendidos como espetáculos dirigidos diretamente a um público de assistentes sentados em plateia voltada para o palco, e estruturados de maneira a permitir a participação dinâmica desse mesmo público, nasceram na verdade com os primeiros programas de calouros.

Em janeiro de 1940, o cronista carioca Caribé da Rocha, diante do sucesso do programa *Calouros em desfile*, na Rádio Tupi do Rio de Janeiro, já previa a futura ampliação desse esquema palco-auditório, ao escrever que o campo de atuação do rádio seria bem mais amplo se os seus programas pudessem "ser vistos, ao invés de ouvidos".[68]

O cronista de rádio lançava então a ideia dos "teatros nas rádios", e já antes do fim daquele mesmo ano podia comprovar a vitória da sua tese, ao anunciar o abalo sofrido na audiência da Rádio Mayrink Veiga ante a novidade dos programas de auditório da Rádio Nacional. Novidade que, aliás, levaria em breve a estabelecer concorrência entre as principais emissoras cariocas, exatamente na base da capacidade de atrair o público aos auditórios, como o próprio Caribé deixava antever:

"O diabo é que a Rádio Clube — uma espécie assim de Vasco da Gama, hoje com bom time, amanhã quase sem ninguém e com *performances* incertas, ape-

---

[68] Crônica de Caribé da Rocha, seção "Comentando" de sua coluna "Falando de Todo o Mundo", *Correio da Noite*, Rio de Janeiro, 23 jan. 1940.

sar do muito dinheiro que existe por parte dos seus proprietários — também está construindo o seu auditório com palco e possivelmente entrará no 'campeonato' querendo arrebatar a liderança do rádio carioca à Mayrink e à Nacional."[69]

O primeiro produtor de programas a aproveitar aquele esquema de comunicação entre o locutor e o público lançado com a novidade dos programas de calouros foi o radialista Henrique Foreis Domingues, o Almirante.

Contratado em 1938 pela Rádio Nacional, com a obrigação de fazer três apresentações semanais, o antigo componente do conjunto vocal-instrumental Bando dos Tangarás começou essa nova fase de sua carreira aparecendo como cantor em dois dias da semana, e no terceiro como produtor e animador de um programa por ele idealizado: *Curiosidades musicais*, o primeiro programa montado do rádio brasileiro.

A liberdade com que contava para realizar seu programa (ele mesmo escrevia, interpretava e cantava os exemplos musicais, na falta de discos) permitiu a Almirante propor à direção da Rádio Nacional um novo programa ainda mais dinâmico, pois implicava dialogar com o público presente. O programa, que estreou no dia 5 de agosto de 1938, intitulava-se *Caixa de perguntas* e — fato pioneiro — oferecia prêmios de 5, 10 e 30 mil-réis (pagos na hora) aos acertadores do auditório.[70]

Segundo conta Almirante, além de dirigir perguntas valendo prêmios às pessoas da plateia, ele descia do palco circulando entre as cadeiras do auditório para colher as respostas de microfone em punho, o que desmistificava de uma vez por todas o ri-

---

[69] Crônica de Caribé da Rocha, seção "Comentando", *Correio da Noite*, Rio de Janeiro, 5 nov. 1940 (coluna "Falando de Todo o Mundo").

[70] O programa era patrocinado pelo produto farmacêutico By-So-Do e a entrada para o auditório custava 400 réis.

tual das transmissões radiofônicas, ainda sujeitas a um certo mistério para o grande público.[71]

A iniciativa pioneira de Almirante ia inspirar a partir da década de 1940 uma série de outros programas de auditório, evoluindo em muitos deles a ideia da distribuição de prêmios para a fórmula dos concursos, o que passaria a conferir às plateias das emissoras de rádio um animado espírito de festa popular, com música e sorteios, em tudo semelhante ao clima dos arraiais das igrejas do interior em dias de quermesse.

Para possibilitar esse relacionamento direto entre o público e os artistas, iam cair, agora definitivamente, os antigos vidros dos "aquários", surgindo em seu lugar os palcos-auditórios. A Rádio Nacional, por exemplo, que fora inaugurada em 1936 com dois pequenos estúdios no 22º andar do Edifício A Noite, na Praça Mauá, fronteira ao porto do Rio de Janeiro, incluiu em suas novas obras a construção de um auditório de 496 lugares. E diante do problema do vidro de separação estúdio-auditório, resolveu-o de forma inovadora: em vez de simplesmente dispensá-lo, em seu estúdio principal, a direção da Rádio Nacional mandou instalar uma gigantesca lâmina de vidro de 5,56 m por 2,53 m, com peso de uma tonelada, a qual, correndo em uma moldura de caixilhos de aço, podia ser suspensa ou baixada com ajuda de um motor.[72]

---

[71] O programa *Caixa de perguntas* manteve-se até 1942, e chegou a criar um personagem de grande popularidade: o jovem de Niterói chamado Romário, que com prodigiosa memória ganhava todos os prêmios do programa, acabando por tornar-se seu figurante oficial ganhando o nome de "Romário, o Homem Dicionário". As informações sobre o programa *Caixa de perguntas* foram prestadas por Almirante ao autor em entrevista concedida em sua residência, no Rio de Janeiro, em inícios de 1975.

[72] Informações recolhidas na publicação comemorativa *Rádio Nacional: 20 anos de liderança a serviço do Brasil (1936-1956)*, Rio de Janeiro, Superintendência das Empresas Incorporadas ao Patrimônio Nacional, 1956.

O fenômeno dos auditórios: o povo na plateia

Transformados pois os auditórios de rádio em arraial-circo-teatro, começaram a multiplicar-se os programas ao vivo, e o próprio Almirante ia fazer casais subirem ao palco da Rádio Nacional para disputarem prêmios exibindo suas habilidades e qualidades artísticas dançando nos programas da série "A História das Danças".

Com a encampação da Rádio Nacional pelo governo federal, em 1940 (a empresa A Noite, detentora do canal PRE-8, era ligada ao mesmo grupo estrangeiro, proprietário da Estrada de Ferro São Paulo-Rio Grande), a emissora recebe um transmissor mais potente e os programas de auditório se transformam em espetáculos *sui generis*: seu centro de interesse é local, mas seus sorteios, concursos, brincadeiras e ruídos chegam aos mais distantes pontos do Brasil, estimulando a imaginação e o interesse das grandes camadas do interior pela vida urbana da então capital do Brasil.[73]

O sucesso da fórmula dos programas de auditório — e dentre eles os mais famosos foram, a partir da década de 1940, o chamado *Picolino*, de Barbosa Júnior, o de Paulo Gracindo (continuado por César de Alencar, até 1964), o de Manoel Barcelos, e o de Iara Sales e Heber de Bôscoli, o *Trem da alegria* — chegou a ponto de transformar tais programas em nova modalidade de espetáculo de palco.

Segundo depoimento do continuador de Paulo Gracindo na Rádio Nacional, o animador César de Alencar, clubes e empresários de cidades do interior contratavam apresentações do *Programa César de Alencar*, mas exigindo sua montagem na ínte-

---

[73] Essa polarização de interesses, por sinal, ia gerar profundas consequências de caráter sociocultural em vários pontos do território brasileiro. Em cidades paulistas do Vale do Paraíba, por exemplo, muitas pessoas ainda torcem por times cariocas, por força de uma tradição que tem sua origem na irradiação de partidas de futebol pelas rádios do Rio de Janeiro, com larga penetração em toda a região do vale entre 1930 e 1940.

No início da década de 1940, antes da derrubada geral dos "aquários", a Rádio Nacional tentou uma solução conciliatória: importou vidros gigantescos que, movidos por uma engrenagem acionada eletricamente, subiam e desciam, permitindo a eventual transformação do estúdio em palco. A subida das três lâminas de vidro de 5,56 x 2,53 m, pesando uma tonelada, no total, transformou-se em um espetáculo popular em frente ao prédio de *A Noite* na Praça Mauá, no Rio de Janeiro.

Foto reproduzida no volume *Rádio Nacional: 20 anos de liderança a serviço do Brasil (1936-1956)*, publicado pela Superintendência das Empresas Incorporadas ao Patrimônio Nacional, em setembro de 1956, para comemorar os 20 anos de fundação da emissora.

gra, como se suas apresentações constituíssem um espetáculo em si:

> "Muitas vezes fretei aviões, ônibus e trens para levar meu programa inteiro para cidades pequenas. O pessoal lá não queria uma ou outra atração, não se contentava com Marlene ou Emilinha, queria o programa todo, seus quadros, sua orquestra, seus coadjuvantes e até seus comerciais. Enfim, queriam ver de perto o seu deslumbramento de todo o sábado."[74]

Essa estruturação dos programas de auditório em nível de espetáculo ao vivo ia provocar ainda no correr da década de 1940 uma curiosa consequência: a corrida das emissoras no sentido da contratação de artistas capazes de agradar ao público por sua boa aparência, sua graça ou originalidade nas apresentações de palco.

Em sua coluna "Falando de Todo o Mundo" no jornal carioca *Correio da Noite*, o colunista Caribé da Rocha era o primeiro a ressaltar esse pormenor em fins de 1940 ao escrever explicando a queda de popularidade da Rádio Mayrink Veiga ante a Rádio Nacional, apesar da construção de seu estúdio:

---

[74] Entrevista de César de Alencar à jornalista carioca Maria Helena Dutra, em 1970, e conservada inédita. Em reportagem de duas páginas, a revista *Vida Doméstica*, nº 426, de setembro de 1953, sob o título "Na passagem de mais um aniversário da Rádio Nacional", acrescentaria um fato novo: as próprias diretorias das rádios organizavam caravanas a outros estados, como aconteceria com "a visita que a Rádio Nacional do Rio fez a Belém do Pará". Acrescentava ainda o redator da *Vida Doméstica*: "Jamais uma tão grande caravana de artistas, quase oitenta pessoas, deslocou-se do Rio de Janeiro para realizar espetáculos de grande brilho. Foram músicos, maestros, cantores, além de locutores, arquivistas e diretores, que viajaram três mil quilômetros, até Belém do Pará, onde atenderam a três diferentes finalidades: recreativa, cultural e beneficente".

"Todavia, faltaram os artistas que reúnem as duas qualidades de rádio e palco."

E acrescentava:

"A PRA-9 está providenciando tudo e depressa. Já conquistou Alvarenga e Ranchinho e pretende conquistar mais gente."[75]

A dupla de humoristas Alvarenga e Ranchinho apresentava-se vestida à caipira, segundo a imagem estereotipada vinte anos antes por Monteiro Lobato em seu personagem Jeca Tatu, e era contemporânea da dupla de nordestinos Jararaca e Ratinho, que tinha como maior atração visual o violão de José Luís Rodrigues Calazans, o Jararaca, construído com o bizarro formato de uma cobra que envolvia o pescoço do tocador.[76]

As consequências dessa competição à base de atrações de palco iam ser, desde logo, a valorização dos artistas de rádio — fazendo surgir os grandes contratos que marcavam o nascimento dos ídolos de massa, ou *cartazes* — e a preocupação em apresentar ao vivo cantores e músicos internacionais, o que seria possível através do aproveitamento dos grandes nomes estrangeiros contratados pelos cassinos.[77]

---

[75] Caribé da Rocha, seção "Comentando", *Correio da Noite*, Rio de Janeiro, 5 nov. 1940 (coluna "Falando de Todo o Mundo").

[76] Nascido no bairro do Poço, em Maceió, em 1896, Jararaca sobreviveria artisticamente até o ano de sua morte, 1977, aparecendo com seus bem-humorados 80 anos no papel do personagem Coronel Sucuri no programa humorístico *Chico City*, da TV Globo do Rio de Janeiro.

[77] Uma notinha na coluna "Falando de Todo o Mundo", do jornal *Correio da Noite*, do Rio de Janeiro, de 5 de novembro de 1940, anunciava: "O cantor húngaro Vaido, atualmente se exibindo no Cassino Atlântico, está, também, fazendo uma curta temporada na Nacional".

De um determinado ponto em diante, essa corrida aos *cartazes* cada vez mais caros começou mesmo a ameaçar a economia das emissoras de rádio, o que ia conferir aos programas de auditório uma outra importância; aliás já prevista em fins de 1939 pelo citado colunista Caribé da Rocha: é a renda das entradas pagas pelo público que garante o equilíbrio financeiro das rádios.

A conquista de popularidade passa a ser de fato tão importante que, além de levar às vezes à transmissão de programas diretamente de teatros — como foi o caso do espetáculo *Carioca cock-tail*, transmitido diretamente do Teatro Municipal pela Rádio Cruzeiro do Sul em setembro de 1940, com a presença dos artistas internacionais Martha Eggerth e Jan Kiepura —, obriga as emissoras a transformar seus próprios estúdios em pontos de atração, inclusive através de promoções de caráter social-promocional, como a que Caribé da Rocha anunciava em crônica da seção "Comentando..." de 29 de setembro de 1940:

> "Em virtude da chegada de Nhô Totico amanhã cedo, a esta Capital, a Mayrink oferecerá às 15 e meia hora, nos seus estúdios, um *cock-tail* à imprensa para a apresentação do famoso artista de São Paulo."

O próprio fato de se promover o coquetel para apresentar um "famoso artista de São Paulo" já estava indicando também outro fenômeno provocado pela popularidade dos artistas projetados pelo rádio e pelos auditórios: a nacionalização dos *cartazes* regionais, através do intercâmbio de atrações entre as emissoras dos grandes centros brasileiros. A partir de meados da década de 1930, os cantores e músicos de maior nomeada são obrigados a uma grande mobilidade, no que são favorecidos pelo estabelecimento das primeiras linhas aéreas comerciais ligando as principais cidades brasileiras. Tornam-se então comuns no noticiário radiofônico da época as pequenas notícias do tipo:

O primeiro grande ídolo de massa produzido pelo rádio brasileiro foi Orlando Silva. A foto é da apresentação do cantor carioca, da sacada do prédio da Rádio São Paulo, PRA-5, situada então na Rua 7 de Abril, na capital paulista, em fevereiro de 1938. Orlando Silva repetiria o fenômeno de popularidade três anos depois, cantando da sacada do Minas Gerais Football Club na noite de 21 de fevereiro de 1941, no Largo da Concórdia, ainda em São Paulo, para uma multidão calculada pelos jornais da época em 40 mil pessoas. Foto publicada na revista *Carioca*, de 12 de fevereiro de 1938.

"Orlando Silva chegou anteontem [5 de novembro de 1939] a Porto Alegre, onde deve ter estreado ontem mesmo. O 'cantor das multidões', que viajou de avião, teve concorridíssima recepção."[78]

A presença de qualquer desses grandes *cartazes* no estúdio das rádios provocava uma verdadeira avalancha de público, e em

---

[78] Caribé da Rocha, crônica da seção "Comentando...", *Correio da Noite*, Rio de Janeiro, 7 nov. 1939.

Diante de microfones de pedestal, de aspecto rudimentar, cantores das décadas de 1930 e 1940, como Orlando Silva, criaram o mito moderno do artista de "cartaz" ou ídolo das massas.
Foto de partitura da coleção do autor.

certas cidades isso obrigava muitas vezes a transmitir os programas diretamente de salas de cinemas, das sacadas de teatros ou das janelas das próprias emissoras.

A partir de 1940, quando o grande auditório da Rádio Nacional permite reunir quase mil pessoas diante de um palco, numa verdadeira festa popular, o fenômeno "programa de auditório" ganha uma importância sociocultural de tal relevância que passa a merecer estudo à parte como fenômeno absolutamente original de comportamento urbano.

7.
OS GRANDES PROGRAMAS DE AUDITÓRIO

Os grandes programas de auditório das rádios Tupi, Mayrink Veiga e, principalmente, Nacional, constituíram um tipo de espetáculo de características absolutamente brasileiras. Mistura de programa radiofônico, *show* musical, espetáculo de teatro de variedades, circo e festa de adro (o que não faltavam eram sorteios), esses programas chegaram a alcançar uma dinâmica de apresentação que conseguia manter o público dos auditórios em estado de excitação contínua durante três, quatro e até mais horas. Para isso os animadores dos programas contavam não apenas com a presença de *cartazes* de sucesso garantido junto ao público, mas ainda com a colaboração de grandes orquestras, conjuntos regionais, músicos solistas, conjuntos vocais, humoristas e mágicos, aos quais se juntavam números de exotismo, concursos à base de sorteios e distribuição de amostras de produtos entre o público.

O caráter de improvisação inicial desses programas devia-se ao fato de seus criadores não contarem praticamente com qualquer organização de infraestrutura, pois eram quase sempre locutores que se aventuravam a *programistas* (nome que, na linguagem do setor comercial do rádio dos primeiros anos, se dava aos compradores de horários, para exploração por conta própria).

Um dos pioneiros da primeira geração de programistas transformados em animadores de modernos programas de auditório de meados da década de 1940, o depois ator de teatro e televisão, Paulo Gracindo, relembraria alguns episódios de bastidores que permitem uma ideia perfeita do funcionamento de tais programas:

> "Tínhamos um segredo. Nosso programa era movido a uísque, conhaque e qualquer coisa que pudesse esquentar a mim, aos locutores, aos cantores e aos músicos da orquestra. A um canto, Afrânio Rodrigues mantinha escondida uma garrafa de Georges Aubert, conhaque que, na época, ainda era muito conhecido. E, sempre que o programa ia esfriando, Paulo Gracindo dizia ao microfone:
> — Meu caro Afrânio, não está na hora de lembrarmos aos ouvintes do *Programa Paulo Gracindo* que, em breve, contrataremos o famoso cantor francês Georges Aubert? — e Afrânio Rodrigues pegava o código, passando a servir a toda a turma alguns goles de conhaque."[79]

Para evitar que o programa *esfriasse*, os animadores — e esse nome não tinha sido criado sem razão — valiam-se não apenas desse expediente da garrafa de bebida atrás da cortina, mas de tudo que pudesse provocar gritos e palmas do seu público, constituído na maioria por moças e rapazes vindos dos subúrbios ou de bairros da Zona Sul exatamente à procura de uma oportunidade de participação, que não conseguiam encontrar em qualquer das outras formas de lazer postas a seu alcance. Essa participação começava logo à abertura dos programas, quando todos, artistas e público, cantavam em coro os hinos compostos especialmente para os vários animadores.

O hino do programa de Paulo Gracindo, na Rádio Nacional (para onde foi em fins da década de 1940, depois de ter criado o

---

[79] Reportagem sob o título "O mundo dos auditórios", publicada às páginas 54 e 55 do número especial da revista *Cartaz*, da Rio Gráfica Editora, do Rio de Janeiro, dedicada a Paulo Gracindo em 1973.

programa *Sequência G-3*, na Rádio Tupi), era uma longa versalhada sem qualquer originalidade, mas que todos sabiam de cor:

> Está na hora louca;
> E cantar assim sorrindo,
> Faz nascer na boca
> O nome do *Programa Paulo Gracindo*...
> Louras e morenas,
> Fazem alegre a emoção,
> Cantando em coro dizem todas
> As pequenas:
> Programa do meu coração...

A música de apresentação do *Programa César de Alencar* — por sinal antigo locutor de uma das primeiras fases do *Programa Paulo Gracindo* na Rádio Nacional, aos sábados — era uma pequena composição de ritmo vivo, cujo ponto alto consistia na marcação com palmas, pelo público do auditório, de estribilhos rítmicos pela altura dos versos "é só bater/ e decorar", e, já no final, "prepare a mão/ bate outra vez":

> Esta canção
> Nasceu pra quem quiser cantar,
> Canta você, cantamos nós
> Até cansar...
> É só bater,
> E decorar,
> Pra recordar
> Vou repetir o seu refrão:
> Prepare a mão,
> Bate outra vez,
> Este programa pertence a vocês...

Criado esse clima inicial de euforia — que estimulava e permitia dar vazão, através de gritos, a toda uma energia acumulada do público —, a habilidade do animador consistia em saber mantê-lo, anunciando, em tom de voz também animado, a sucessão de números musicais e atrações, que deviam incluir sempre pequenos toques de inesperado e, eventualmente, até mesmo surpresas de grande efeito. Segundo relembra a cantora Emilinha Borba (que dividiria com Marlene a glória de primeiros ídolos de programas de auditório, durante mais de 20 anos, na Rádio Nacional), em fins da década de 1940 aconteceu uma dessas "surpresas" — evidentemente programadas, mas que o público devia sempre receber como espontâneas. Convidada para uma exibição num sábado e não querendo perder a oportunidade de defender o bolero "Em nome de Deus", na parada de sucessos do *Programa César de Alencar*, Emilinha teve a ideia de cantar pelo telefone interurbano. E isso foi feito, como conta a própria cantora, após entendimento com o maestro Ercole Vareto, para "fazer uma surpresa ao animador" (o que, sendo pouco provável, revela a preocupação da cantora em não esvaziar o mito):

> "Pedi a ligação da Rádio Gaúcha e fiquei 10 minutos esperando. Quando César disse ao microfone que infelizmente não poderia apresentar o primeiro lugar na *Parada dos maiorais*, porque Emilinha estava em Porto Alegre, eu entrei: 'Alô, alô, César, estou na Rádio Gaúcha, mas pode anunciar o bolero 'Em nome de Deus' porque vou cantá-lo daqui e o maestro Vareto vai me acompanhar com seus músicos aí no auditório da Rádio Nacional'."[80]

O resultado de pequenos estratagemas como esse era sempre o delírio do público comprimido na ampla plateia da Rádio

---

[80] Entrevista de Emilinha Borba em programa da série *Especial*, da Rádio Jornal do Brasil, do Rio de Janeiro, conforme resumo publicado no "Caderno B" do *Jornal do Brasil*, de 29 de janeiro de 1975, sob o título "Quando a felicidade bate à porta dos fãs".

Nos grandes programas de auditório da Rádio Nacional, como os de César de Alencar, Paulo Gracindo e Manoel Barcelos (foto à esquerda) ia surgir o fenômeno dos ídolos de auditório e dos fã-clubes. A maior representante desse fenômeno, e a mais persistente no tempo, seria a cantora Emilinha Borba, que seria Rainha do Rádio em 1953 (foto abaixo), e ainda em 1975 merecia cobertura do jornal carioca *Última Hora* para inauguração da sede de seu fã-clube na sobreloja do prédio do Bar Amarelinho, na Cinelândia, no centro do Rio de Janeiro.

Nacional, e naturalmente acompanhado por centenas de milhares de ouvintes em todo o Brasil por um curioso fenômeno de identificação: era a explosão da alegre surpresa das pessoas presentes ao auditório que, captada pelos microfones, desencadeava nos ouvintes distantes uma descarga semelhante. E isto porque, na realidade, ao ouvir a Rádio Nacional, *todos* se sentiam também um pouco integrantes do auditório. E, assim, o fascínio exercido por esses programas não estava apenas em suas apresentações artísticas, mas na força de atração que o grande centro urbano do Rio de Janeiro — a idealizada Capital Federal — exercia sobre pessoas em processo de ascensão social nas áreas menos desenvolvidas do Brasil.[81]

Durante uma viagem realizada ao interior da Bahia, em meados da década de 1950, um oficial do Exército que depois se tornaria superintendente da Rádio Nacional, o então Major Menescal, seria testemunha de um episódio que comprovaria essa influência de maneira definitiva. Segundo o ex-locutor Floriano Faissal, que relatou o caso à repórter Maria Helena Dutra, o Major Menescal conhecera naquela sua visita a uma fazenda de cacau baiana "uma moça muito interessante e falante, com sotaque carioca":

> "Então lhe perguntou há quanto tempo tinha vindo do Rio. A moça riu muito e respondeu: 'Nunca fui ao Rio na minha vida!'. 'Mas a senhora fala como uma carioca...' 'Major, e a Rádio Nacional não nos ensina direitinho?', respondeu ela."[82]

---

[81] Este fato é confirmado por dezenas de cantores e compositores das novas gerações, que em suas entrevistas à imprensa não deixam de apontar na raiz de suas vocações artísticas esse fascínio da vida carioca em suas infâncias provincianas.

[82] Entrevista de Floriano Faissal concedida em 1970 à jornalista carioca Maria Helena Dutra, e conservada inédita.

Era essa íntima comunicação entre o público no auditório e os artistas sobre o palco que explicava a possibilidade desse fenômeno de identificação: se o contato pessoal entre o fã e seus ídolos se efetivava no Rio de Janeiro, então, tornar-se o mais parecido possível com o público dos auditórios cariocas, inclusive através da maneira de falar, era a forma psicologicamente mais satisfatória de realizar a transferência que permitiria não apenas fazer de suas casas uma parte do auditório, mas ainda assumir idealmente todas as possibilidades de vida moderna postas ao alcance da sua condição de representantes da nova classe média em ascensão.[83]

---

[83] Esse curioso fenômeno, que permanece como um campo aberto à pesquisa de sociólogos, antropólogos e psicólogos, tem sido analisado praticamente apenas por estes últimos, assim mesmo por solicitação de jornalistas à procura de explicação para complementar suas reportagens. No entanto, ao menos até aqui, as interpretações dos psicólogos têm sido um pouco simplistas, uma vez que se fixam na idealização do sucesso, identificado por parte do público na figura dos ídolos, o que não esgota a realidade socioeconômica maior, abrangida pelo fenômeno. O autor deste livro, pessoalmente, acredita ter sido o primeiro a propor uma interpretação sociológica para o fenômeno dos programas de auditório, ao tomar o espetáculo da cantora Marlene, *É a maior*, estreado no Teatro Sérgio Porto, do Rio de Janeiro, em 28 de novembro de 1969, como ponto de partida para um artigo destinado ao jornal *Correio da Manhã*. Pela oportunidade de sua colocação, aqui transcrevemos esse texto de muitos anos atrás, sem qualquer alteração:

"O *show* da cantora Marlene, *É a maior*, atualmente fazendo sucesso no Teatro Sérgio Porto, em Copacabana, ao mesmo tempo em que aproveita como tema a figura de um ídolo de massa, levanta com a sátira ao antigo público dos auditórios de rádio um importante problema de sociologia urbana até hoje pouco examinado: o do desejo de ascensão social pela conquista da vida artística.

De fato, o aparecimento dos primeiros ídolos de massa no Brasil — o craque Leônidas da Silva, no futebol, e o cantor Orlando Silva, no rádio — no instante mesmo do advento de novas camadas urbanas geradas pelo surto industrial do fim dos anos 1930 à época da Segunda Guerra Mundial, constitui uma coincidência que merece ser analisada.

O adensamento da população do Rio de Janeiro e São Paulo, principalmente, engrossando as camadas populares com a multidão de novos ele-

Como a conquista do sucesso, no entanto, estava ligada a uma ideia de vitória pessoal num terreno de grande competição, as admirações pelos ídolos passariam a obedecer não apenas às suas qualidades artísticas, mas a determinadas identificações pessoais, baseadas em dados biográficos que os fãs recolhiam inicialmente no noticiário especializado sobre rádio e, depois, nas re-

---

mentos urbanos — trabalhadores em construção, operários de fábricas e metalúrgicas, empregados em serviços, mecânicos, pequenos funcionários, etc. — ia jogar numa estrutura econômica acanhada e sem poder de decisão todo um potencial de mão de obra que, em pouco tempo, não teria capacidade de absorver em regime de pleno emprego. Como resultado, e uma vez que a triagem para a conquista dos melhores cargos era feita na base do maior nível cultural ou do protecionismo político (caso dos empregos públicos), de qualquer forma só ao alcance da classe média, as camadas mais amplas da população constituídas na maioria por negros e mestiços viu-se logo sem acesso aos níveis mais altos da estrutura econômico-social.

Ora, como no campo do lazer o problema do atendimento às necessidades dessas novas camadas estava sendo resolvido com a popularização do futebol (que lotava os estádios), e o crescimento do rádio (que enchia os auditórios), o prestígio alcançado nessas atividades passou a ser a meta dos elementos que constituíam o seu público.

Esse fenômeno — que explica desde logo o fato do futebol, lançado pela elite na primeira década do século como esporte amador, ter-se tornado em vinte anos um esporte popular, com caráter profissional, passando a recrutar atletas nas camadas mais baixas da população — ia explicar também o sucesso dos programas de calouros, e a paixão pelos ídolos do rádio.

Quando todas as portas se fechavam para a ascenção das massas na estrutura social (a educação era um privilégio de minorias, a diversificação profissional das indústrias limitada, e os cargos técnicos mais elevados desempenhados por estrangeiros), como alcançar a melhoria do *status*, da condição econômica e — eventualmente — satisfazer o desejo muito humano de projeção pessoal? Está claro que só através do desempenho de habilidades atléticas ou artísticas passíveis de serem reveladas sem a necessidade dos cursos de aprendizado estabelecidos pelos órgãos selecionadores a serviço das estruturas.

O caso da própria cantora Marlene, inspiradora do *show* de Fauzi Arap e Hermínio Bello de Carvalho, é o mais exemplificativo possível dessa verdade. Filha de imigrantes italianos de São Paulo, que horizontes se abri-

portagens fotográficas publicadas a partir de fins da década de 1930 por revistas como *Carioca, Pranove, Vida Doméstica, O Cruzeiro* e *Revista da Semana*, por semanários como *Cine-Rádio-Jornal*, por enorme variedade de pequenos jornais e publicações eventuais (*PR, Sintonia, A Voz do Rádio, Rio Rádio Reportagem*) e, finalmente, a partir de 1948, pela *Revista do Rádio*.

---

riam no correr da década de 1930 àquela menina aluna de colégio de freiras chamada Vitória Bonaiuti, fora da mediocridade do casamento pobre e do anonimato, a não ser a tentativa da carreira artística? Subir ao palco era, desde logo, colocar-se um pouco acima do nível da multidão. Foi o que sob o nome artístico de Marlene fez a modesta filha de imigrantes, ao fugir para o Rio de Janeiro e ingressar como *lady crooner* do Cassino da Urca no início da década de 1940. Assim, quando alguns anos depois os auditórios de rádio, à base de entrada gratuita e oferecimento de prêmios, começaram a desempenhar o duplo papel de casa de espetáculos populares e fonte possível de emprego em atividade de larga projeção pessoal, a cantora Marlene pôde transformar-se juntamente com Emilinha Borba em figura símbolo para a multidão de mocinhas suburbanas. Evidentemente, como o recrutamento do público dos auditórios era feito entre as camadas mais modestas da população carioca, e como as condições socioeconômicas faziam com que essas camadas fossem representadas por uma maioria de pretos e mestiços, o aspecto visual dos auditórios de rádio não seria de fato dos mais refinados, do ponto de vista da eugenia e do comportamento. E foi por essa razão que, no início da década de 1950, apareceu para distinguir esse público (que fazia a fama de cantoras como Marlene e Emilinha) o apelido — desde logo preconceituoso — de 'macacas de auditório'.

Além de constituir uma tomada de posição extremamente irracional e reacionária, isso encobria ainda outras contradições ligadas às modificações do mercado de trabalho. É que, coincidindo a elevação dos níveis de salários na área da indústria com o processo de proletarização dos burocratas (sujeitos ainda a maiores solicitações de compras pelo advento da indústria de consumo), o espetáculo dos auditórios colocava ostensivamente ante os olhos das senhoras da classe média carioca um potencial de mão de obra para seus serviços domésticos de que não podiam mais se servir. A verdadeira razão sociológica do ódio dessas senhoras 'donas de casa' pela humanidade dos auditórios de rádio — e logo pelos da televisão — seria revelado de forma clara na marcha de carnaval do compositor classe média Miguel Gustavo, 'Fanzoca de rádio', que se referia ao auditório da Rádio Nacional

Os grandes programas de auditório

107

Essas diferenças no grau da admiração por seus ídolos seriam responsáveis, a partir do fim dos anos 1940, por um fenômeno de comportamento urbano até hoje não suficientemente estudado: o da divisão dos admiradores dos ídolos em partidos, representados sob a forma de fã-clubes.

A divisão das plateias em partidos, para fins de aplauso e incentivo a diferentes artistas, não é fenômeno moderno no Brasil. Em meados do século XIX, quando a nascente burguesia governada patriarcalmente por D. Pedro II ligou suas pretensões de modernidade cultural à apreciação de espetáculos líricos, esse lado algo carismático da fama das principais cantoras europeias em temporadas cariocas chegou a provocar verdadeiras batalhas campais entre seus diferentes adeptos. Em várias de suas crônicas e romances, Machado de Assis citaria essa rivalidade entre partidários de cantoras como a Lagrua, a Charton e a Candiani, cujo carro chegaria a ser desatrelado certa vez à porta do teatro por admiradores que tomaram o lugar dos cavalos, nos varais, merecendo na Europa a ironia de uma crônica de Eça de Queirós.[84]

---

dizendo: 'É uma faixa aqui, outra faixa ali,/ O dia inteirinho ela não faz nada,/ Enquanto isso, na minha casa,/ Ninguém arranja uma empregada...'.

Assim, foi talvez pela certeza subconsciente dessa verdade sociológica que, em entrevista a uma revista, Marlene declarou: 'Quando botaram esse nome nas moças que iam ao meu programa (a cantora referia-se ao apelido macacas de auditório) eu fiquei ofendida. A ofensa veio direto na minha cara. Elas eram um pouco de mim. Eu era para elas, moças pobres, sem pretensões, tudo o que não poderiam ser'.

Aí está, de fato, toda a verdade. O que não deixa de ser engraçado como conclusão cultural: num momento em que os livros de interpretação da realidade brasileira andam com tanto sucesso e citam tantos especialistas estrangeiros em cultura de massa, quanta coisa se pode aprender com uma marchinha de carnaval e com o *show* de Marlene. Com todos os marcuses e mcluhans, Marlene ainda é a maior."

[84] O fato foi comentado também por Machado de Assis em crônica de seu livro *Páginas avulsas*.

A importância dos locutores, a cujas vozes se entregava a responsabilidade da transmissão das mensagens do rádio em ascensão, podia ser medida pela publicação, pela Rádio Mayrink Veiga, de anúncios de página inteira nas revistas afirmando possuir "o melhor quadro de locutores do *broadcasting* nacional". Foto do anúncio publicado na *Revista da Semana*, de 7 de março de 1942. Da coleção do autor.

As torcidas ou partidos prosseguiriam, aliás, no teatro musicado do Rio de Janeiro, onde desde os fins do século até quase a Revolução de 1930 as revistas do ano incluíam obrigatoriamente um quadro em que se explorava a popularidade dos clubes carnavalescos, apresentando-se as principais artistas das companhias — entre aplausos e apupos — fantasiadas na figura das sociedades de préstitos mais famosas, como os Democráticos, os Fenianos e os Tenentes do Diabo.[85]

Quando, porém, ao despontar da década de 1940, os programas de auditório das emissoras de rádio inauguraram o prolongamento de tais espetáculos populares de palco dentro das novas expectativas exigidas por camadas de público de formação mais recente, o culto aos artistas-ídolos mudou não apenas na forma, mas no conteúdo.

Provavelmente sob o mesmo impulso de nostalgia pequeno-burguesa das pompas da monarquia, que desde o ano de 1930 levava a revestir internacionalmente as Rainhas da Beleza do Concurso de Miss Universo com os símbolos nobiliárquicos do cetro, da coroa e do manto real, os frequentadores dos auditórios optaram pela competição na base de uma síntese original entre o velho e o novo: organizados em torcidas, ou nas associações de fã-clubes, passaram a criar democraticamente — para alimento da sua fantasia — reis e rainhas, através de votação em concursos geralmente promovidos pelos próprios animadores ou pelas firmas patrocinadoras dos programas.

As condições especiais da vida carioca nas décadas de 1940 e 1950, no entanto, permitindo à massa flutuante das empregadas domésticas, costureiras, operárias, pequenos artesãos e donas de casa suburbanas um contato mais íntimo com seus ídolos nos auditórios, contribuíram para o aparecimento de um fenômeno novo nesse tipo de relação público-artista: as rainhas pas-

---

[85] A primeira revista a explorar a popularidade das sociedades carnavalescas no palco foi *O boulevard da imprensa*, de Oscar Pederneiras, estreada no Teatro Recreio a 2 de abril de 1889.

savam a ter o seu séquito pessoal, recebendo inclusive suas fãs em casa, familiarmente, com o surgimento, então, de curiosíssimos episódios de vinculação pessoal.

Assim, enquanto os animadores contavam com *apaixonadas* — geralmente velhas senhoras humildes, que ganhavam o caráter de símbolo da admiração geral pelo locutor, transformando-se em espécies de totens de auditório[86] —, as cantoras-ídolos como Emilinha Borba (Rainha do Rádio em vários anos, Favorita da Marinha) e Marlene (Rainha do Rádio, Rainha do Carnaval Carioca) tornavam-se centro de fã-clubes que funcionavam, na prática, como verdadeiras equipes promocionais, mas eram criados e tiravam sua força do complexo de sonho de identificação psicossocial daqueles humildes admiradores por seus ídolos, assim espontaneamente elevados à posição de fetiches humanos.[87]

---

[86] A "apaixonada" de Paulo Gracindo era dona Berenice; de Heber de Bôscoli era Vovó Isabel; e de Afrânio Rodrigues era dona Hilderica.

[87] Essa identificação, aliás, era espertamente estimulada pelo sentido de oportunidade dos jornalistas especializados em rádio. Em uma série de artigos intitulada "Como subiram duas estrelas", comparando as carreiras das cantoras Marlene e Emilinha Borba, a *Revista do Rádio* de 8 de dezembro de 1956 concluía o primeiro capítulo da narração da vida desta última artista com estas palavras: "O rádio de hoje está diferente. Hoje as que começam têm padrinhos, cartões de apresentação, contratos seguros por longo tempo. No tempo em que eu comecei, durante a fase heroica do rádio, a gente ganhava um cachê — e olhe lá. Um cachê que mal dava pro tênis, sapato de pobre que então se usava. Eu muitas vezes fui ensaiar com um sanduíche na mão. Era o meu almoço e o meu jantar, porque voltar para casa custava dinheiro". Era, como se vê, uma descrição de dificuldades financeiras, e mesmo de pobreza, que ajudava a identificar a cantora com as fãs humildes que se projetavam na sua figura de artista supostamente elevada ao sucesso pela loteria da vida (o que tornava possível acontecer com qualquer um), mas não correspondia à verdade inteira. Como a própria Emilinha Borba declarava no tópico seguinte, seu pai era proprietário de uma vila de casas — a Vila Savana — na Rua Visconde de Santa Isabel, na Mangueira.

Essa extraordinária ligação dos componentes de fã-clubes com determinados artistas do rádio — principalmente Emilinha Borba, Marlene, Ângela Maria e Cauby Peixoto — envolvia eventualmente lances humanos de caráter patético, ora risível. Os membros de fã-clubes auxiliavam seus ídolos no controle do recebimento de cartas, tomavam determinadas providências práticas em nome dos artistas, responsabilizavam-se pelo encaminhamento de informações à imprensa — a fim de manter seus nomes em evidência —, promoviam as músicas preferidas através de telefonemas às rádios e visitas às lojas comerciais, organizavam manifestações públicas e churrascos e ainda confeccionavam bolos e faixas com dizeres de louvor às qualidades artísticas de seus eleitos.

Em entrevista concedida em fins de 1973, a cantora Emilinha Borba — que passara vários anos afastada do rádio, e chegara a ficar ameaçada de não mais cantar, em consequência de problema nas cordas vocais — podia louvar a fidelidade do seu fã-clube, ao descrever assim as manifestações realizadas no dia 31 de agosto, por ocasião de seu aniversário:

"Este ano havia gente rezando por mim fora da igreja. Os meus fãs nunca me faltaram, nem quando estive três anos doente, sem poder me apresentar."[88]

No ano anterior, aliás, segundo lembrava o repórter, o entusiasmo chegara a exigir a presença da polícia:

"Na hora da saída [da igreja] a confusão era tão grande que Emilinha não conseguia chegar até o seu carro; uma das fãs mais íntimas a colocou num táxi,

---

[88] Entrevista publicada no jornal *O Globo*, do Rio de Janeiro, de 11 de outubro de 1973, sob o título "Emilinha Borba — Em sua estrada as flores não morrem".

que acabou amassado pela multidão. O motorista não deixou por menos: rumou para o Distrito. Emilinha pagou o prejuízo.

— Fiquei muito encabulada com a situação, mas o tratamento carinhoso que recebi na delegacia compensou."[89]

Segundo anotava o entrevistador:

"[...] cerca de duzentas pessoas se organizam todos os anos para oferecer um churrasco a Emilinha no seu aniversário, e cada uma compra cinco discos da 'rainha'. Além disso lhe dão muitos presentes. O último foi um fogão supermoderno. E há, ainda, o piano e o faqueiro de prata que ela ganhou há tempos."[90]

Ao começar a década de 1950, coincidindo com o auge da força dos programas de auditório das rádios — a nascente televisão ainda não contava, pois só bem mais tarde viria a conseguir infraestrutura técnica capaz de competir com o dinamismo e o ritmo de tal tipo de programa —, o esquema dos fã-clubes alcançava tal força promocional que sua influência na conquista de sucesso por parte de artistas, animadores e programas começava a ser reconhecida pela própria imprensa especializada. Muito sintomaticamente, uma prova desse reconhecimento da importância dos fã-clubes seria dada ao público por um dos próprios ídolos do rádio, a cantora Emilinha Borba. Em sua coluna "O diário de Emilinha Borba", publicada na *Revista do Rádio*, ela escreveria no número de 23 de dezembro de 1952, sem esconder seu interesse direto na promoção que ajudava a lançar:

---

[89] Entrevista "Emilinha Borba — Em sua estrada as flores não morrem", *op. cit.*

[90] *Id., ibid.*

Os grandes programas de auditório

"O pessoal da *Revista do Rádio* contou-me que o nosso querido semanário vai promover a união de todos os fã-clubes, instituindo um valioso prêmio para as 'torcidas' que apresentarem mais entusiasmo pelos seus favoritos e respeito e consideração pelos outros cantores e gente do rádio. Acho a ideia maravilhosa e oportuna. Tenho certeza, mesmo, que o meu fã-clube (que é mesmo qualquer coisa de maravilhoso!) vai tomar parte no certame. Não é mesmo?"

Embora não deixasse de constituir uma contradição — uma vez que, pela lógica, em termos de *broadcasting*, a mediação entre artista e público devia ser efetivada pelos aparelhos receptores —, as tentativas de ampliar a aproximação direta dos fãs de rádio com seus ídolos haviam levado alguns animadores a montar seus programas em recintos mais amplos que os auditórios das emissoras. O animador Heber de Bôscoli, por exemplo, além de transmitir seu programa *Trem da alegria* (criado em 1942) não apenas do auditório da Rádio Nacional, mas diretamente do palco do Teatro Carlos Gomes, lançou em meados da década de 1940 a novidade das visitas aos bairros com o programa *A felicidade bate à sua porta*.

A cantora Emilinha Borba, que participou desse programa ambulante, lembraria em sua entrevista de 1975 ao programa *Especial Rádio JB*, da Rádio Jornal do Brasil, o clima quase surrealista em que se realizavam esses contatos diretos do rádio com o público nos pontos mais distantes da cidade.

"Heber de Bôscoli, produtor, ia no furgão da Rádio com o regional do Dante Santoro, Afrânio Rodrigues e eu, enquanto Iara Sales ficava no auditório. A felicidade batia num bairro e se o sorteado tivesse todos os artigos do patrocinador, recebia dinheiro e uma quantidade de prêmios. Enquanto os prêmios eram entregues, Emilinha cantava no furgão. Em algumas ocasiões, para um público de mais de 12 mil pessoas."[91]

A ideia dos programas volantes funcionou de maneira tão completa que, poucos anos após a criação de *A felicidade bate à sua porta*, a própria Rádio Nacional resolveu aproveitar a potencialidade dos públicos locais da cidade através da criação de um novo programa intitulado *Ronda dos bairros*, transmitindo-o a cada domingo do palco de um diferente cinema de bairro.

Em seu número de 3 de julho de 1954, a revista *Carioca* registrava a repercussão do novo programa em reportagem intitulada "*A ronda dos bairros*: sucesso absoluto em toda a cidade":

> "O mais recente programa popular lançado pela Nacional está ultrapassando as melhores estimativas. É o caso da *Ronda dos bairros*. A primeira apresentação teve lugar em Cascadura no maior de seus cinemas e foi um sucesso total. A lotação ficou esgotada e muitas pessoas tiveram de voltar por não haver mais possibilidade de adquirir a sua entrada. Sucessivamente a *Ronda dos bairros* apareceu em Engenho Velho, Braz de Pina, Flamengo, Engenho Novo, Tijuca, repetindo-se, em todos esses lugares, o mesmo espetáculo: interesse geral dos moradores pelo programa e grande afluência ao cinema. A Rádio Nacional, com seu novo lançamento, entra em contato direto com o povo e vai correndo a cidade inteira, cada domingo num lugar diferente."

---

[91] Resumo da entrevista de Emilinha Borba no programa *Especial JB*, da Rádio Jornal do Brasil, do Rio de Janeiro, publicado sob o título "Quando a felicidade bate à porta dos fãs" no "Caderno B" do *Jornal do Brasil* de 29 de janeiro de 1975.

Está claro que, exatamente por esse contato íntimo com as mais amplas camadas populares do Rio de Janeiro, os grandes programas de rádio — já normalmente influenciados pela força dos fã-clubes — teriam que traduzir artisticamente o nível de gosto do povo, constituído por gente em sua maioria analfabeta ou apenas semialfabetizada.

E foi essa circunstância que, já ao final da década de 1940, começou a provocar na imprensa e nos meios do próprio rádio uma reação de caráter elitista contra os programas de auditório e os fã-clubes, cujo conteúdo socialmente preconceituoso merece ser estudado.

8.
A REAÇÃO (ELITISTA) AOS AUDITÓRIOS

A crescente aproximação do rádio com o público mais humilde dos bairros cariocas — público que compunha, em última análise, a massa dos clientes das lojas de roupas e os compradores potenciais dos produtos de limpeza, farmacêuticos ou de beleza das pequenas fábricas e laboratórios responsáveis pelos patrocínios comerciais — havia transformado de fato a maioria dos horários da programação das principais emissoras cariocas numa verdadeira feira popular. E eis como a discussão em torno do caminho seguido pelo rádio comercial, a partir de meados da década de 1930, começa a ganhar destaque na imprensa especializada, a partir de 1947, em pleno período de após-guerra, o que não deixa de ser uma coincidência sintomática. Com o fim do isolamento econômico provocado pela Segunda Guerra Mundial, o mercado brasileiro ia ser invadido por uma torrente de artigos industriais importados — geladeiras, máquinas de lavar roupa, aparelhos eletrodomésticos, etc. — aos quais se somariam os produtos de uma suposta fabricação nacional, mas que na realidade constituíam o resultado da instalação de fábricas estrangeiras interessadas em produzir artigos diretamente no crescente mercado interno brasileiro, contando com mão de obra e matéria-prima mais baratas.[92]

---

[92] O ímpeto dessa invasão do mercado brasileiro pelos interesses das grandes indústrias estrangeiras, mormente norte-americanas, logo após o fim da Segunda Guerra Mundial, pode ser avaliado pela seguinte sucessão de episódios econômico-políticos anotados por Moniz Bandeira à página 3 do seu livro *Cartéis e desnacionalização: a experiência brasileira (1964-1974)*:

Inicialmente, é claro, as críticas ao espírito excessivamente popularesco dos programas de auditório, com sua gritaria de fã--clubes e seu ruidoso entusiasmo pelos prêmios e sorteios, não demonstravam consciência da mudança da realidade socioeconômica que as motivava. E embora já estivessem protestando em nome de um "bom gosto" que traduzia, no fundo, apenas o gosto mais refinado de novas camadas de classe média em ascensão (para as quais se dirigiam, aliás, os novos artigos de consumo estrangeiros, e sem programas de rádio "à altura" para servir-lhes de veículo), os críticos partiam sempre de um mesmo ponto: o aspecto caótico e mal-educado dos auditórios.

Em artigo sob o título "Auditórios viciados", publicado no segundo número da revista *Rádio Visão*, de 15 de maio de 1947, o jornalista especializado Anselmo Domingos oferecia um perfeito exemplo dessa crítica ingênua ao escrever:

> "Há duas espécies de ouvintes. Os que acompanham as transmissões de casa e os que vão aos auditórios ver de perto os programas. Ouvinte verdadeiro é aquele que capta no receptor as ondas das estações. Os outros são também ouvintes, mas apreciam o rádio por outro prisma. Ao cavalheiro que ouve programas

"A primeira lei brasileira, de orientação antitruste, apareceu em 1945, ao fim do Estado Novo, tendo como autor o então ministro do Trabalho, Agamenon Magalhães. O Decreto-Lei nº 7.666, celebrizado como a *Lei Malaia*, criava a Comissão de Defesa Econômica e dava poderes ao governo para expropriar qualquer organização cujos negócios lesassem o interesse nacional, mencionando, especificamente, as empresas nacionais e estrangeiras vinculadas aos trustes e cartéis. O Departamento de Estado a interpretou como um ato de nacionalismo econômico, que desencorajava a entrada de capitais estrangeiros no Brasil. Setores oposicionistas protestaram contra a medida, qualificando a Comissão de Defesa Econômica como um instrumento nazifascista, que ameaçava a economia brasileira. E então o presidente Getúlio Vargas, que assinou o decreto, não permaneceu mais de cinco meses no poder. Caiu, deposto por um golpe de Estado, e, poucos dias depois (9 de novembro de 1945), o presidente provisório José Linhares desfez o seu ato".

de casa, não interessa saber se o Carlos Frias é magro ou gordo, se Aracy de Almeida é feia ou bonita."

E depois dessa distinção, que já valia por um quadro não aprofundado de diferenças socioculturais — para o "cavalheiro" da classe média ou alta o rádio era apenas mais uma forma de lazer; mas para o ouvinte pobre o rádio, representado pela oportunidade de comparecer aos programas de auditório, constituía muitas vezes a única oportunidade de diversão participante —, Anselmo Domingos acrescentava, aprofundando já agora (sem o perceber) o verdadeiro fundamento da discussão:

> "Hoje em dia quem vai ao auditório leva a predisposição de colaborar no programa. Seja respondendo a um *test*, seja adivinhando uma pergunta. E tem sempre em expectativa ganhar um prêmio, uma cédula de cinema, ou dez, um pote de melado, um par de botinas, ou um corte para o vestido."

E o cronista concluía, denunciando enfim com clareza a proletarização dos programas de auditório como um mal:

> "Esse é o grande mal. No princípio o povo que corria aos auditórios o fazia pela curiosidade natural de conhecer os astros e estrelas. Ia ver programas realmente. Hoje não interessa mais saber se fulano canta longe ou perto do microfone, se tem cabelos pretos ou louros. O essencial é saber se há prêmios. Daí se conclui que os auditórios estão viciados. E isso é um grande mal que precisa ser debelado o quanto antes."

Ao lado desse tipo de crítica diretamente dirigida à excessiva participação de elementos das camadas mais humildes (e portanto sem poder de aquisição dos modernos artigos de consumo), figuravam os comentários que preferiam fazer a defesa dos ouvintes "de casa" (necessariamente as pessoas das classes mais altas, que "não se misturam"). Curiosamente, um desses comentários reveladores era feito por outro jornalista de rádio, Osvaldo Gouveia, exatamente no mesmo número da revista. Sob o título "Três veteranos", escrevia o comentarista:

"Os programas de auditório estão despertando cada vez mais a atenção dos ouvintes e crescendo em número, de forma que todas as nossas emissoras têm suas lotações esgotadas, sempre que apresentam um desses programas populares.

Na Rádio Tupi, por exemplo, temos os programas de Ary Barroso *Calouros em desfile* e *Colégio musical*; os de Almirante, os de Paulo Gracindo e até os incríveis e detestáveis programas de Jararaca e Ratinho, esgotando sempre as localidades da emissora da Avenida Venezuela...

Na Nacional já é célebre o *Programa César de Alencar*, que arrasta multidões à Praça Mauá todos os sábados, além da PRK-30, de Lauro Borges; dos programas de Renato Murce, sempre apreciados, e agora o *De tudo um pouco*, de Fernando Lobo... Na Mayrink Veiga, do Teatro Carlos Gomes, Heber de Bôscoli, consagrado como primeiro animador de auditórios, apresenta o seu *Trem da alegria* e a *Hora do pato*, cada vez com maior interesse...

Na Rádio Globo temos aos domingos a *Rapsódia carioca*, despertando atenções gerais, e na Rádio Clube Aerton Perlingeiro vai levando de vencida o seu *Fim de semana*, que é um programa de bastante interesse.

Ora, o rádio vai, assim, enveredando cada vez mais para os auditórios, esquecendo-se dos que ficam em casa..."

Na verdade — e isso tanto os críticos quanto os defensores dos programas populares ainda não podiam perceber — o que estava em jogo era uma contradição mais profunda: com todas as suas possibilidades de veículo ideal para a transmissão de mensagens comerciais a um nascente público consumidor de produtos industriais, o rádio se havia equivocadamente encaminhado para a área do povo, em sua ânsia de conquista de níveis de audiência. E esse era um equívoco que não podia continuar.

Não seriam precisos, entretanto, mais de quatro anos após o início das discussões em torno da ocupação das emissoras de rádio pela gente das camadas mais baixas da cidade, através da coexistência de meia centena de programas de auditório ao despontar da década de 1950, apenas no Rio de Janeiro, para a argumentação dos acusadores do rádio populäresco encontrarem o verdadeiro motivo de tanto descontentamento: o programa dirigido à gente humilde e marginalizada da vida econômica só a eles mesmos interessava, e esse público não alterava substancialmente a curva de venda dos produtos dos anunciantes.

Era essa verdade que o repórter Borelli Filho procurava demonstrar na *Revista do Rádio* de 9 de janeiro de 1951, com um artigo sob o título "Os programas de auditório estão 'matando' o rádio!", completando seu sentido com este subtítulo esclarecedor: "Por causa do 'público presente' os anunciantes desistem das coisas boas do microfone — Mas a televisão vem aí... e a sopa vai se acabar!".

Nesse artigo, em que se propunha a debater "um novo aspecto do rádio que o fã não conhece", o jornalista lembrava que "o rádio não foi criado para o expectador do auditório e muito menos para se ver de uma poltrona na própria emissora", mas "está calcado naqueles intuitos de proporcionar emoções para um público invisível", e acrescentava: "Por isso o auditório aparece, na história do rádio, como nocivo e contraproducente".

Logo a seguir, justificando sua tese, o autor do artigo, após lembrar que os próprios anunciantes também compareciam aos auditórios, deixando-se levar "pela impressão de que o *show* —

quase sempre de ínfima categoria — é a coisa mais sensacional do rádio", concluía, revelando então ter chegado ao fim a era do pequeno patrocinador local, personalizado e atuante, em favor do anunciante de agência, tão "invisível" quanto o desejável público do rádio:

> "Em outras palavras: o anunciante estará também conquistado pelo verniz dos programas de auditório, sugestionado pelo calor e entusiasmo daquela multidão que freneticamente aplaude os seus artistas prediletos... e até os não prediletos!"

E o jornalista pergunta, então, ele mesmo — "E o que tem isso de mal?" — para logo levantar com sua resposta o véu sobre as pressões que o rádio começava a sofrer para mudar sua estrutura de programação, a fim de melhor atender aos modernos interesses econômicos, via publicidade:

> "E o que tem isso de mal? Quase nada: apenas que os outros programas, aqueles que se fundamentam nos princípios mínimos do rádio, são deixados para outra oportunidade... até que um anunciante de iguais possibilidades monetárias se resolva a permitir sua existência."

Isso queria dizer, na verdade, que os projetos destinados a "elevar o nível da programação", isto é, a afastar o rádio do público de menor poder aquisitivo, para aproximar o veículo das camadas da classe média (compradora dos novos produtos lançados em campanhas de agências publicitárias, com base em pesquisas de mercado), estavam sendo prejudicados por um tipo de relações veículo-anunciante já ultrapassado.

E, assim, apesar do décimo aniversário do *Programa César de Alencar*, da Rádio Nacional, ainda ter sido comemorado no dia 11 de junho de 1955 reunindo no estádio do Maracanãzinho uma multidão calculada em 18 mil pessoas, esse grande espetáculo — "que todos os artistas, sem exceção, disseram jamais ter visto outro igual, aqui, no Chile ou no Uruguai"[93] — poderia ser considerado o último momento de afirmação popular nas relações do rádio com seus ouvintes. A partir desses meados dos anos 1950 os programas com "público presente" começaram a sofrer a concorrência dos horários de *disc-jockeys* e seus *hit parades* — estava surgindo a era do *rock'n'roll* —, e esse próprio acúmulo de nomes estrangeiros mostrava que uma nova realidade estava se impondo: o rádio passava pouco a pouco de teatro do povo para veículo sonoro de expectativas de ascensão social de novas camadas da classe média emergente, mais ligadas às subliminares mensagens econômico-culturais da nova era de integração no universo do consumo internacional do que na pobre realidade brasileira.

E se a comemoração dos dez anos do *Programa César de Alencar* serviu para marcar o fim da participação das grandes camadas populares na vida do rádio, nada melhor poderia ilustrar a contraditória beleza dessa união impossível entre um moderno e impessoal veículo de comunicação e a alma do povo do que este trecho da reportagem da revista *Vida Doméstica*, que contava o espetáculo do Maracanãzinho sob o entretítulo "O público esteve magnífico":

> "Aquelas vinte mil pessoas não suscitaram uma única questão, nem provocaram o mais ínfimo acidente ou incidente. Nelas, repimpavam a sadia preocupação de vivar e saudar seus artistas e de tributar-lhes a honra de sua admiração e calor de seu afeto."

---

[93] Reportagem "O decênio do *Programa César de Alencar* na história do rádio", revista *Vida Doméstica*, Rio de Janeiro, jul. 1959, p. 79.

A reação (elitista) aos auditórios

Ao fim da década de 1940, a pressão do público levou os grandes programas de auditório do rádio para as salas dos teatros: Francisco Alves (na foto) dividia então a fama de grande "cartaz" do rádio com novos ídolos que começavam a surgir: Cauby Peixoto, Marlene, Emilinha Borba e Ivon Cury, entre outros.

Podia ser ingênuo mas, em termos humanos, era mesmo como escreveria ainda o repórter, concluindo seu trabalho:

"Eis, pois, a maior vitória de um artista e de um programa: ser querido pelo povo."

9.
OS ANÚNCIOS CANTADOS E OS *JINGLES*

A transformação do rádio em veículo da transmissão de anúncios comerciais, a partir da década de 1930, veio contribuir para o aperfeiçoamento de um tipo original de criação musical destinada a coexistir (e às vezes também a competir) com a música popular. Esse novo estilo de composição com música e letra, feita especialmente para ajudar a vender os produtos dos anunciantes, foi o "anúncio cantado", que vinte anos mais tarde passaria a ser conhecido com o nome americano de *jingle*.

A ideia de usar frases musicais para atrair compradores não era nova, pois, pelo menos desde o século XIX, os vendedores de rua usavam esse mesmo esquema — embora confiando apenas no alcance da própria voz — ao gritarem suas mensagens sob a forma de pregões.[94]

De fato, o que os anúncios musicados vinham fazer, na realidade, era aproveitar as novas possibilidades do rádio para levar mais longe o pregão musical das virtudes dos produtos comerciais dos anunciantes.

A acreditar no depoimento do compositor Antônio Nássara — até hoje não contestado por qualquer contemporâneo —, os anúncios cantados surgiram no rádio brasileiro em 1932, como uma das muitas inovações introduzidas pelo famoso *Programa*

---

[94] Sobre o pregão dos vendedores de rua (baleiros, sorveteiros, amoladores, consertadores de guarda-chuvas e panelas, etc.) ver capítulo "Os pregões" no livro do autor *Música popular: os sons que vêm da rua*, Rio de Janeiro, Tinhorão, 1976 (nova edição: *Os sons que vêm da rua*, São Paulo, Editora 34, 2005).

Os anúncios cantados e os *jingles*   125

Casé, da Rádio Sociedade Philips do Brasil, PRC-6, do Rio de Janeiro.

O *Programa Casé*, que se tomaria o mais famoso programa do rádio carioca do início da década de 1930, fora criado em 13 de fevereiro de 1932 por Ademar Casé, um dinâmico pernambucano de Bom Jardim, que começara a vida no Rio como vendedor de frutas. Casé, que de fruteiro passaria a funcionário da Câmara de Comércio Argentino e vendedor de terrenos a prestação, e a agenciador de anúncios para a revista humorística *D. Quixote*, de Bastos Tigre, iniciara em 1929 uma nova atividade: a de vendedor de aparelho de rádio, de porta em porta. O modelo de rádio com que Ademar Casé começava a sua nova atividade era o Philips 516 — caixa e alto-falante separados — e seu sucesso como vendedor foi tão grande que a direção da Philips no Brasil quis conhecê-lo. E foi assim que, estabelecendo contato com o diretor brasileiro da empresa, Augusto Vitorino Borges (mais tarde transformado em compadre), Casé passou também a angariar publicidade para a PRA-X, Rádio Philips, primeiro passo para seu lançamento como produtor de programas de rádio.

Segundo conta Ademar Casé, naquele início dos anos 1930, os programas de rádio, apesar dos títulos precedidos de adjetivos pomposos — Monumental, Esplêndido —, eram ainda tecnicamente muito primários e monótonos. Quando o locutor anunciava o cantor, ouvia-se o *tlec* da chave desligando um microfone e ligando o outro. E nos casos de música de disco ainda era pior: após o ruído da chave, passava-se a um silêncio de vários segundos, até se ouvir finalmente o chiado da agulha que precedia o início da música gravada. Ademar Casé, ouvinte curioso de programas de ondas curtas, sabia que no rádio norte-americano isso não acontecia, e propôs à Rádio Philips a compra de um horário — primeiro nas noites de quarta-feira, depois nas tardes de domingo — para criação de um programa em que houvesse "música, anúncio, fala, tudo uma coisa em cima da outra".[95]

---

[95] Nessa entrevista ao autor deste livro, em 1971, o pioneiro Ademar

Foi para esse seu programa que Ademar Casé contratou o jovem Antônio Gabriel Nássara como locutor e redator de anúncios. Segundo lembraria esse mesmo compositor e chargista Nássara em 1976, em entrevista ao repórter José Guilherme Mendes, Ademar Casé, diante de sua inexperiência, levou-o à Rádio Clube para assistir ao *Esplêndido Programa*, onde o pioneiro Waldo de Abreu, com incrível imaginação, inventava na hora pequenas histórias para justificar os anúncios. Sentindo que não teria condições de imitar os improvisos de Waldo de Abreu, Nássara sugeriu a Ademar Casé escrever previamente as pequenas histórias com que na época se costumava vestir os anúncios e, assim, surgiu talvez o primeiro redator de publicidade para rádio no Brasil.

Integrado no *Programa Casé*, que logo passaria a contar com os principais cantores da época — Carmen Miranda, Francisco Alves, Sílvio Caldas, Mario Reis e os irmãos Marília e Henrique Batista —, Nássara começou a explorar o humor em textos de anúncios em prosa e em versos, descobrindo assim, por intuição e por impulso criativo, um caminho que o levaria, afinal, à "brincadeira" do primeiro anúncio comercial musicado do rádio.

Isso aconteceu ainda em 1932 quando Ademar Casé — que agenciava anúncios diretamente, procurando os comerciantes em suas lojas — convenceu o proprietário de uma padaria do bairro

---

Casé rememorou episódios importantíssimos não apenas para a história do rádio, mas da publicidade e da psicologia da gente da cidade num período de implantação de grandes novidades tecnológicas sobre uma estrutura até então extremamente subdesenvolvida. Por ironia, o texto dessa entrevista tão rica de informações, absolutamente inéditas e reveladoras, foi recusado por um dos editores-chefes da revista *Veja* sob a alegação de conter apenas matéria "anedótica". São as "anedotas" dessa entrevista, por tal motivo não publicada nas chamadas "Páginas Amarelas" da revista *Veja*, que hoje servem ao autor para este capítulo pioneiro na bibliografia de tema tão interessante quanto o das relações entre a música popular e a moderna tecnologia da área do lazer.

Os anúncios cantados e os *jingles*

carioca de Botafogo a fazer propaganda de sua casa pelo rádio. A padaria, situada na esquina das ruas Voluntários da Pátria com Real Grandeza, chamava-se Pão Bragança e, como era de esperar, seu proprietário era um lusitano. Foi esse pequeno detalhe que despertou em Nássara — já então demonstrando sua vocação de compositor popular — a ideia de apresentar o anúncio sob a forma de um fado português. Uma brincadeira criativa a mais, como lembraria em sua entrevista de 1976, ao contar:

> "Eu fui para casa pensando na história e achei: bem, deve ser um bom português, pelo nome da casa; mas, o que é que eu vou dizer? O programa era dos maiores da época: nele já cantavam Carmen Miranda, Chico Alves, Sílvio Caldas, Mario Reis, o próprio Luís [Barbosa], Elisinha Coelho, enfim, uma porção de gente, além, naturalmente, do Salema [cantor Sílvio Salema, falecido em 1977, e então diretor artístico da Rádio Philips]. Mas, aquele contrato com a padaria é que seria a salvação, pois garantiria o programa pelo menos por um ano de vida. O programa era aos domingos, ao meio-dia. Foi quando me veio a ideia de fazer um fado, em vez de um anúncio comum; um fado para ser cantado por todo mundo: Chico Alves, Mario Reis, Carmen Miranda, todo mundo."[96]

Nássara compôs então um fado com base na quadrinha:

---

[96] Nássara exagera um pouco, hoje, a importância do anúncio da padaria de Botafogo, naturalmente para emprestar mais colorido dramático ao episódio rememorado. Seu depoimento, no entanto, confrontado com as declarações feitas ao autor sobre o mesmo tema por Ademar Casé, é correto nas linhas gerais (salvo pequenos lapsos de memória, como a troca do nome da casa *Pão Bragança* por *Padaria Bragança*, o que não altera o conteúdo do depoimento).

> Ó padeiro desta rua
> Tenha firme na lembrança
> Não me traga outro pão
> Que não seja o Pão Bragança,

o que lhe permitia o acrescentamento de outras partes, numa longa sucessão de versos que cada um dos cantores do *Programa Casé* presentes no momento entrava cantando, após a repetição do estribilho:

> Pão, inimigo da fome,
> Fome, inimiga do pão,
> Enquanto os dois não se matam
> A gente fica na mão.

> Ô padeiro desta rua...

> De noite, quando me deito,
> E faço a minha oração,
> Peço com todo o respeito,
> Que nunca me falte o pão.

> Ó padeiro desta rua...[97]

---

[97] Os versos estão citados conforme versão do próprio Nássara em sua entrevista a José Guilherme Mendes (revista *Ele Ela*, nº 81, jan. 1976). Em seu depoimento ao autor deste livro, em 1971, Ademar Casé dá como variante do segundo verso: "Tenha sempre na lembrança". Em seu livro *No tempo de Noel Rosa*, o ex-radialista e estudioso da história da música popular Almirante dá a quadrinha como de autoria de Luís Peixoto, que realmente foi redator do *Programa Casé*, mas sem citar a fonte da informação. Na dúvida, e como nem Ademar Casé ou o próprio Luís Peixoto jamais se referiram a esse fato em suas entrevistas ao autor do presente livro, tomamos como boa a versão de Antônio Nássara.

Os anúncios cantados e os *jingles*

"Era comprido, tinha verso à beça", recorda Nássara, mas o fato é que a novidade do anúncio cantado agradou: "O dono da padaria nem discutiu: fechou o contrato na hora".

Descoberta a nova possibilidade para a veiculação de anúncios pelo rádio, o próprio Nássara se encarregaria de dar continuidade ao achado nos poucos meses em que funcionou como redator de propaganda no *Programa Casé* — logo se juntaria a ele o também compositor Orestes Barbosa — e passou a compor outros anúncios com letra e música. Um desses anúncios que se seguiriam ao fado do Pão Bragança — o próprio Nássara demonstra ter esquecido, mas o pioneiro Ademar Casé ainda lembra os versos iniciais, embora com algumas falhas — era o *jingle* para uma camisaria da Rua da Assembleia, a Camisa Grande, no centro da cidade, e que dizia:

> Ó meu amigo
> Por favor me mande
> Umas coisinhas
> Da Camisa Grande[98]

A verdade é que, descobertas as possibilidades do anúncio cantado, os primeiros redatores do rádio — quase todos também compositores ou, pelo menos, hábeis fazedores de versos, pois eram muito comuns os anúncios de jornal em forma de quadrinhas e até de sonetos — sentiram imediatamente a vantagem de estruturar o novo gênero, e o *jingle* entrou para a história da propaganda irradiada.

Antes mesmo que o *jingle* chegasse a se institucionalizar, no entanto, a primeira geração de profissionais do rádio ia realizar ainda no *Programa Casé*, já agora na Rádio Mayrink Veiga, para

---

[98] Ademar Casé, em sua entrevista de 1971 ao autor deste livro, lembrou a quadrinha dizendo-se estar em dúvida quanto ao terceiro verso, não podendo garantir se eram mesmo "umas coisinhas" ou "umas camisinhas" da Camisa Grande.

A era do rádio

onde Ademar Casé se transferira, uma experiência nunca mais retomada posteriormente: o anúncio cantado de improviso.

A ideia partiu de Ademar Casé, em fins de 1935, seguindo uma inspiração de momento, como, aliás, tantas vezes costumava acontecer, dentro do espírito de improvisação que a estrutura ainda quase amadorística do rádio possibilitava.

Segundo depoimento de Marília Batista, os artistas do *Programa Casé* costumavam reunir-se nos intervalos das apresentações para cantorias em comum, e foi numa dessas oportunidades que viria a se formar uma sessão de ritmo que hoje se chamaria de "partido alto", responsável pela criação de pelo menos um comercial improvisado com música. Testemunha e personagem do episódio, Marília Batista relembraria:

> "O ambiente era esplêndido, vivíamos numa camaradagem excelente... Fazíamos a nossa música por arte, por gosto: Sílvio Caldas, Luís Barbosa, Nono, Noel, eu, tantos outros... Tanto assim que, nos intervalos, aguardando a vez de voltar ao estúdio, nós nos juntávamos em um canto do corredor, e ali cantávamos e tocávamos — enquanto um ia mordendo o seu sanduíche, outro bebia uma cerveja.
>
> Foi numa dessas ocasiões que alguém levou o estribilho do 'De babado':
>
> De babado, sim,
> Meu amor ideal,
> Sem babado, não!
>
> Para a segunda parte, cada um ia puxando versos decorados ou improvisados.
>
> Por coincidência, o samba estava mesmo em bom ponto quando o Casé chegou para convocar um de nós ao microfone. Parou, acompanhou com a cabeça e gostou. Na mesma hora fez a turma seguir lá para

Os anúncios cantados e os *jingles*

dentro e 'De babado' entrou no ar, iniciando seu caminho vitorioso."[99]

Transformada a roda de partido alto em número do *Programa Casé*, a apresentação passou a ser feita apenas pelos dois melhores improvisadores do grupo, como esclareceria o cronista Guima em entrevista com Marília Batista, ao ressaltar que, "com o tempo, os versos feitos foram cansando e só ficaram os improvisos, a cargo de Marília e Noel".[100]

Pois foi nessas quadrinhas improvisadas em seguida ao estribilho popular do "De babado" que Noel, muito ligado por simpatia ao patrocinador do horário, o Sr. Oscar Menezes, dono da grande loja de louças e ferragens O Dragão, da Rua Larga, começou a incluir referências àquela casa comercial. Lembra Marília Batista:

"'De babado' era apresentado sob o patrocínio da casa O Dragão e já todos ligavam o samba ao estabelecimento comercial."[101]

O curioso é que, colocados à frente do microfone, os improvisadores se empolgavam e esqueciam o tempo, o que, como lembra Ademar Casé em sua versão da história do aproveitamento comercial do "De babado", favorecia grandemente o patrocinador:

"Quando tive a ideia chamei o Noel, o Almirante, o Henrique Batista, irmão da Marília Batista, e per-

---

[99] Entrevista de Marília Batista a Guima (João Guimarães), publicada sob o título "Marília Batista fala de Noel Rosa e canta samba (inédito) dos dois" na seção "Memórias do Homem Sisudo" do jornal *Correio da Manhã*, do Rio de Janeiro, de 25 de maio de 1962.

[100] Entrevista de Marília Batista a Guima, *op. cit.*

[101] Entrevista de Marília Batista a Guima, *op. cit.*

guntei se eram capazes de fazer o negócio diante do microfone. O Noel, como sempre o mais animado, disse logo 'vamos fazer, dá sim'. E assim foi lançado o improviso, que era uma vantagem para O Dragão, pois quando a turma esquentava não parava mais de tirar versos, e ficava às vezes quarenta minutos compondo na hora coisas engraçadíssimas. Houve tempo em que até o João de Barro e o Manezinho Araújo participavam, chegando a haver sete ou oito pessoas improvisando em torno do 'De babado'."[102]

Os *jingles* de improviso falando no "Dragão da Rua Larga" tornaram de fato tão popular a casa de louças e ferragens do patrocinador Oscar Menezes que o próprio Noel Rosa acabaria compondo uma marchinha intitulada "Marcha do Dragão". Embora tocada durante muito tempo no *Programa do Dragão*, essa marcha — cujo título consta do levantamento da obra do compositor — jamais seria gravada.

No caso dessa composição de Noel Rosa, a citação da loja comercial do patrocinador tradicional do *Programa Casé* era declarada, mas a ideia de promover grandes comerciantes e produtos industriais evoluiu e, ainda no início da década de 1930 ia surgir outra novidade: o das músicas de propaganda declarada, mas feita para gravação em discos do tipo comercial.

Segundo o compositor Hervê Cordovil, um dos pioneiros desse original tipo de *jingle*, já pela mesma época da "Marcha do Dragão" o cantor Jonjoca chegara a gravar uma música para os cigarros da marca Veado, mas seria apenas em 1934 que as músicas de propaganda iam ser de certa maneira institucionalizadas.

Isso se deu quando a Companhia Antarctica, de cerveja, pressionada pela concorrência da sua rival Companhia Cervejaria Brahma (que lançara no mercado a novidade do chope em garrafas), resolveu reagir patrocinando um concurso de música

---

[102] Ademar Casé, entrevista ao autor.

Os anúncios cantados e os *jingles*

popular para louvar as excelências do chope de barril. Em parceria com Lamartine Babo, Hervê Cordovil compôs então uma marcha intitulada "Madame du Barril". Apesar da qualidade da composição, valorizada por engraçados versos trocadilhescos de Lamartine, a vencedora foi outra marcha mais objetiva nas suas intenções comerciais, a marcha de Custódio Mesquita intitulada "Chope, só de barril".

Ia caber, porém, à mesma dupla Lamartine Babo-Hervê Cordovil contribuir quatro anos mais tarde com outra inovação no campo da música voltada à promoção comercial, ou seja, a dos sambas e marchas destinados normalmente à venda comercial, mas com referências indiretas ou de duplo sentido nas letras, valendo por verdadeiras mensagens de caráter subliminar.

Esse foi o caso, por exemplo, da marcha intitulada "Esquina da sorte", e que gravada em disco Victor pelo próprio Lamartine Babo e Aracy de Almeida para o carnaval, em 1938, referia-se desde o título a uma famosa loja lotérica do Rio de Janeiro. Hervê Cordovil confessa que ele e seu parceiro arrancaram algum dinheiro do proprietário da "Esquina da sorte", mas mereceram o pagamento indireto. A marcha chegou a obter algum sucesso no carnaval, e seus versos, estabelecendo uma relação ideológica entre a sorte no amor e a casa vendedora de bilhetes de loteria, não deixavam de constituir uma criação extremamente engenhosa.

A marcha começava com a vozinha em falsete de Lamartine "cantando" o número sorteado, a exemplo do que se fazia nas extrações públicas da Loteria Federal — "80 083... 50 mil-réis..." —, seguindo-se a introdução musical com nova intervenção de Lamartine "cantando" o número, para então entrar a voz de Aracy de Almeida, interpretando a marcha:

> Na esquina da sorte
> Onde mora o meu amor
> Encontrei um bilhete
> Enrolado numa flor. (*bis*)

Um bilhete azulzinho,
Muito abraço, dez beijos
E depois do carinho
Um milhão de desejos,
Um encontro mais forte,
Outro encontro depois,
E a não ser nossa sorte
Nada além de nós dois.

E no fim do bilhete,
Outro encontro marcado.
Um cinema, um sorvete,
Tudo bem combinado,
Umas frases amigas,
Umas brigas depois,
E a não ser nossas brigas
Nada além de nós dois...

Descoberto o esquema, os próprios patrocinadores responsáveis pela sua propaganda começaram então a aproveitar-se eventualmente de melodias populares, como aconteceu após o sucesso, no carnaval de 1934, de outra marcha de Hervê Cordovil, agora em parceria com Bonfiglio de Oliveira.

A marcha, cuja introdução abria com uma frase rítmica marcada por pequenos e rápidos breques, começava com os versos:

Carolina
Carolina,
Vai dizendo por favor
Carolina,
Carolina,
Se você me tem amor.

Os foliões cariocas, no entanto, sentindo necessidade intuitiva de preencher com canto o tempo da introdução até a palavra

Carolina, aperfeiçoaram a seu modo a composição, passando a cantá-la:

> Caro, caro, caro,
> Carolina,
> Carolina,
> Vai dizendo por favor...

Essa criação coletiva foi o ponto de partida para o lançamento, meses depois, de uma propaganda do fortificante Carogeno que, aproveitando a música da marchinha da dupla Hervê Cordovil-Bonfiglio de Oliveira, fazia o coro cantar:

> É caro, caro, caro,
> Carogeno,
> Carogeno,
> Carogeno não ilude,
> Carogeno,
> Carogeno,
> Carogeno dá saúde...

Hervê Cordovil não se lembra de ter sido consultado pelos autores da paródia de finalidade publicitária, a fim de dar sua permissão para o uso da música, mas tem certeza de não haver recebido desta vez um único centavo pela transformação de sua marchinha em *jingle*.[103]

---

[103] A tendência dos patrocinadores em envolver-se na produção dos *jingles* — através de "ideias", sugestões, recomendações ou "desejos" — continua até hoje, mas chegou a ser quase dominante nos anos 1940, quando os próprios comerciantes chegavam não apenas a aprovar paródias como a da marcha "Carogeno", mas a comporem eles mesmos seus *jingles*. Um dos proprietários da casa Sedas Sady, do Rio de Janeiro, fez gravar um *jingle* de sua autoria com a música da canção de roda "Ciranda, cirandinha": "Sedas Sady, Sady sedas/ São as sedas pro senhor/ No cento e quarenta e oito/ Lá da Rua do Ouvidor...". O *jingle* foi programado durante anos se-

E o curioso é que, ainda nesse carnaval de 1934, o mesmo povo anônimo, cuja intervenção espontânea sugerira a transformação da marcha "Carolina" em *jingle* do fortificante Carogeno, acabaria por criar ele mesmo um *jingle* jamais gravado. De fato, como a marchinha de Lamartine Babo intitulada "Ride palhaço" começava com uma gargalhada:

> Ride, palhaço,
> Quá, quá, quá, quá, quá...

preenchendo alguns compassos da música de introdução, os foliões passaram a cantar nos salões, em lugar da gargalhada musical, a paródia:

> Ride, palhaço,
> Passa Untissal no braço,
> Mas se a dor for profunda
> Passa Untissal na bunda
> Quá, quá, quá, quá, quá...

Untissal era o nome de um dos remédios contra dores mais populares da época.

O tempo das paródias e das improvisações em matéria de anúncio musicado e cantado, porém, foi relativamente curto. A partir da segunda metade da década de 1930 o rádio entrava decididamente na era da comercialização (a tentativa de transmitir em cadeia pelas emissoras cariocas o programa cultural-educativo *Quarto de Hora da Comissão Radioeducativa da Confederação Brasileira de Radiodifusão* revelou-se um fracasso, em 1933), e os anúncios cantados se institucionalizaram, recebendo então o nome norte-americano de *jingle*.

---

guidos nas rádios cariocas, transformando-se praticamente numa marca sonora da casa comercial.

Os anúncios cantados e os *jingles*

Segundo testemunho do veterano compositor de *jingles* paulista Vitor Dagô, que começou vendendo estatuetas de gesso pelas ruas, o primeiro anúncio gravado em acetato a receber esse nome moderno foi composto em São Paulo pelo pioneiro do gênero, Gilberto Martins, em 1935. Como contaria Vitor Dagô (falecido em 1977) em entrevista à imprensa, em 1971:

> "Nessa época, eu tinha 15 anos. Ninguém sabia ainda como chamar aquele tipo de música. Mas um ano depois a música de Gilberto [um *jingle* gravado para a Colgate-Palmolive 'com a agulha cortando diretamente o acetato'] voltou ao Brasil, por intermédio de Mr. Penn, que a levara para ser tocada nas rádios. Voltou com um rótulo: *jingle*."[104]

Contemporâneos dos *spots* e dos programas com base no prestígio de certas marcas famosas — *Serões Dominicais Ford*, por exemplo —, os *jingles* serviram para marcar também o início da luta dos produtos internacionais pela conquista de um emergente mercado urbano brasileiro dirigido para o consumismo. E a prova de que a adoção do nome *jingle* ligada ao anúncio de uma multinacional, a Colgate-Palmolive, não era uma coincidência, ia ser oferecida por um fato paralelo muito significativo: o surgimento, em 1937, da revista *Propaganda*.

Assim foi que, estabelecida a partir de 1935 a tentativa da conquista musical dos compradores das cidades, através dos *jingles* transmitidos pelo rádio, essa novidade das mensagens sonoras ia alcançar uma enorme repercussão popular. Trabalhados pela repetição dos anúncios produzidos em estúdio, com o concurso de orquestras e cantores, os "rádio-ouvintes" passavam a

---

[104] Entrevista de Vitor Dagô publicada pelo *Jornal da Tarde*, de São Paulo, de 29 de novembro de 1971, p. 41. Dagô acrescentava que "depois disso, durante muito tempo, Gilberto Martins, Hervê Cordovil e Geraldo Mendonça dominaram o mercado de criação de *jingles* no Brasil".

incorporar inclusive ao seu vocabulário as frases mais destacadas das mensagens publicitárias, cantando ou assobiando muitas vezes as melodias dos *jingles* pelas ruas, ou enquanto trabalhavam. E foi como resultado desse sucesso que tais mensagens musicadas acabaram contribuindo para um novo tipo de relacionamento entre o rádio comercial e a música popular: a transformação de temas e melodias de *jingles* em canções, principalmente destinadas ao carnaval.

Para começar, além de Hervê Cordovil, já citado, figuras conceituadas como o revistógrafo e letrista Luís Peixoto, ou talentos em ascensão como o cantor e locutor André Filho, autor da marcha "Cidade maravilhosa", lançaram-se como fazedores de *jingles*, e isso fazia nascer frases e trechos musicais que o público recebia com agrado. Entre esses anúncios estaria um produzido pelo compositor carnavalesco Antônio Almeida para a Drogaria Sul-Americana, do Rio de Janeiro, e cuja atração se apoiava na frase que os locutores liam cheios de intenção:

"Oh! Oh! Oh!, não! A Drogaria Sul-Americana
é a que mais barato vende!"

Diante do sucesso popular da frase criada para a grande casa comercial (por sinal um dos maiores anunciantes do rádio carioca de fins da década de 1930 e inícios de 1940), Antônio Almeida ligou-se a A. Godinho e, juntos, compuseram a marcha "Oh! Oh! Oh! Não!...", que, gravada pelo cantor Paulo Barbosa em 1934, chegaria a conhecer algum sucesso em meio às fortíssimas concorrentes do carnaval de 1935.

Vinte anos mais tarde esse recurso de aproveitar a música popularizada pelos *jingles*, como canção carnavalesca com nova letra, chegaria a causar um escândalo revelador da mistura de interesse financeiro e brincadeira, que ainda dominava o campo da criação dos anúncios cantados.

O compositor e autor de *jingles* Miguel Gustavo havia composto em 1955 para a Toddy do Brasil um anúncio cantado, cujo

Os anúncios cantados e os *jingles*

sucesso repousava no fato de possuir um saltitante ritmo de marchinha carnavalesca:

> Quem sabe, sabe,
> Conhece bem,
> Por isso Toddy
> Prova o que tem...

Tocado nas rádios desde fins de 1955, o *jingle* da Toddy estava na memória de todos quando um fato imprevisto levou o cantor Joel de Almeida a usar sua música como ponto de partida para uma marcha de carnaval. Segundo depoimento do próprio Joel de Almeida ao autor, ele curtia em um bar da Cinelândia seu desapontamento pela gravação da marcha "Camisolão", de Rômulo Paes ("ao ouvir a prova do disco na Odeon, senti que não tinha o meu balanço; não ia acontecer"), quando se aproximou da mesa o *bookmaker* e compositor Carlos Morais para fazer-lhe a pergunta inevitável àquela época do ano: "Então, Joel, o que é que você tem para o carnaval?". Para não confessar o fracasso, segundo afirma, Joel lembrou-se então do *jingle* de sucesso e começou a batucar na mesa o "Quem sabe, sabe", mas já mudando o terceiro e quarto versos:

> Quem sabe, sabe,
> Conhece bem,
> Como é gostoso,
> Gostar de alguém...

Animado pela própria descoberta, segundo conta, Joel continuou a repisar o estribilho, até que, num dado momento, a segunda parte da marcha lhe saiu espontânea e inteira, "de ponta a ponta":

> Ai, morena,
> Deixa eu gostar de você,

Boêmio sabe beber,
Boêmio também tem querer...

O entusiasmo de Carlos Morais fez Joel de Almeida perceber logo a importância do achado, o que o levou a sair diretamente em direção ao Clube dos Fenianos, onde a orquestra do maestro Ioiô animava o chamado Baile das Manicures.

"Saí batucando para não esquecer, e mostrei ao maestro Ioiô, que passou logo a melodia para os músicos. Quando a orquestra tocou o 'Quem sabe, sabe', o baile incendiou."

Segundo Joel de Almeida, sua primeira preocupação, então, foi procurar alguém capaz de ajudá-lo a "trabalhar" a música, e após a bebedeira comemorativa da madrugada, chegou ao Rio Comprido a tempo de tirar da cama o compositor Carvalhinho, para transformá-lo em parceiro. Gravada pelo próprio Joel na Odeon, dias depois, a marcha "Quem sabe, sabe" transformou-se em um dos maiores sucessos do carnaval de 1956.

Tudo corria às maravilhas para Joel de Almeida, pois o autor do *jingle*, Miguel Gustavo, não fizera qualquer reivindicação de parceria, quando surgiu a notícia: o compositor Ary Barroso, no auge de uma noitada regada a uísque na Boite 56, de Copacabana — onde após o carnaval se exibia o compositor-cantor Dorival Caymmi —, afirmara ser o verdadeiro autor da marcha "Quem sabe, sabe".

Estabelecido imediatamente o clima de escândalo (Joel tinha contra ele o fato de ter assinado a música com o pseudônimo de Jotasandoval, por estar ligado à editora argentina SADAIC), criou-se uma polêmica pela imprensa, só encerrada quando o editor Vitale fez transcrever o contrato da música esclarecendo em declaração pessoal os pormenores da edição. Lembra Joel de Almeida:

Os anúncios cantados e os *jingles*

"O que o público nunca ficou sabendo foi a razão de Ary Barroso ter entrado na história. Na verdade, Ary ouviu a marcha pela primeira vez quando estavam tocando a prova do disco. Naquela época ele tinha um programa na TV Tupi de São Paulo patrocinado pela Toddy, e como a marcha fora mesmo baseada no *jingle*, alguém deu a ideia de Ary fazer um concurso oferecendo um prêmio ao calouro que melhor cantasse o 'Quem sabe, sabe'. O Ary topou, mas pediu 20% sobre os direitos que a marcha rendesse no carnaval. Eu não estava presente, nesse dia, mas meu parceiro Carvalhinho achou que era bom negócio e aceitou. Depois do carnaval, diante daquele sucesso todo, o Antônio Maria e outros gozadores começaram a mexer com o Ary Barroso dizendo que ele tinha sido meu *disc-jockey*. Ora, o Ary, que naquela época estava exatamente brigando com o pessoal das rádios, ficou uma fúria. E como estava meio alto, saiu-se com aquela de se justificar dizendo que trabalhara a música por ser da autoria dele."[105]

---

[105] Esta versão que, afinal, parece ser a definitiva (o próprio Ary Barroso, sempre tão cioso dos seus direitos, jamais tentou qualquer procedimento legal para reivindicar a autoria da música inspirada no *jingle* de Miguel Gustavo), foi comunicada ao autor deste livro pelo compositor Joel de Almeida em depoimento rico de pormenores. Quanto a Miguel Gustavo, que autorizou verbalmente Joel a usar o motivo do seu *jingle* sem se interessar pela parceria, jamais teve seu nome envolvido no caso. Mais de vinte anos depois deste caso, em 1977 o sucesso do *jingle* para o Café Seleto intitulado "Depois de um sono bom" ("Depois de um sono bom/ A gente levanta/ Toma aquele banho/ Escova o dentinho/ Na hora de tomar café/ É Café Seleto...") levou seu autor, Archimedes Messina, a tentar forçá-lo como música de carnaval publicando a partitura em jornais em 1978. Mas o acaso do "Quem sabe, sabe" não se repetiu.

Na verdade, a própria repercussão pública desse episódio de bastidores já servia para demonstrar a importância assumida pelos *jingles* em inícios da década de 1950. E essa importância podia ser documentada, aliás, desde inícios dos anos 1940, por uma série de acontecimentos que começavam a indicar, inclusive, uma nova era de interinfluências entre a vida artística e a propaganda, nos vários campos da criação de música popular.

Assim, ao lado de novos nomes que surgem para o rádio e para o disco através do *jingle* — como aconteceria com a cantora paulista Isaura Garcia, praticamente revelada após a gravação de um *jingle* para o Saponáceo Radium, com o grupo Os Três Morais (formado inicialmente apenas para gravar *jingles*, também em São Paulo) —, é o próprio meio da música popular que começa a fornecer profissionais para a área da propaganda sonora. Ao final da década de 1940 a cantora Zezé Gonzaga abandona o rádio tornando-se dona de uma agência de produção de *jingles* e, a partir de 1955, o compositor Hervê Cordovil resolve assumir definitivamente seu talento como criador de *jingles* comerciais em nível profissional.

Com o advento do chamado *desenvolvimentismo*, a partir do governo Kubitschek (o que, na realidade, significava apenas o ingresso da economia brasileira no processo de concentração capitalista, através do sistema de importação acelerada de capitais e tecnologia internacionais, paralelo a um precário incentivo à substituição de importações), a disputa pelo mercado consumidor dos grandes centros se transformou numa guerra altamente sofisticada. Como o "desenvolvimento" significava, na realidade, a produção crescente de bens de consumo, dirigidos a minorias financeiramente melhor situadas dentro da nova classe média emergente, essa guerra ia travar-se primordialmente através de um novo veículo de comunicação também altamente sofisticado: a televisão.

E foi assim que a concentração da disputa publicitária sobre minorias privilegiadas, usando um veículo comercialmente caro como a televisão, acabou levando a produção de *jingles* não ape-

Os anúncios cantados e os *jingles*

nas a tornar-se uma alta especialização, mas a procurar no meio da música popular um tipo novo de profissional: o compositor ligado normalmente, em seu tipo de criação, aos estilos internacionais em voga e, portanto, mais próximos do gosto das novas gerações de compradores, prontos a partir dos 12 anos de idade a gastar o dinheiro dos pais.

Para o intercâmbio entre a música popular e a produção de mensagens sonoras, essa nova realidade do mercado publicitário implicou não apenas o fim das improvisações e paródias brincalhonas, mas o recrutamento, a partir do início da década de 1960, de compositores "jovens". E isso se fazia necessário porque, segundo as pesquisas indicavam, o crescimento vegetativo das populações urbanas, dentro da explosão demográfica gerada pelas concentrações em polos industriais, fazia baixar a média de idade dos compradores. Ora, como os jovens filhos da classe média emergente pretendiam ser modernos, e ligavam essa ideia de modernidade a todas as novidades da indústria de consumo, a forma de interessá-los nos produtos indicadores de atualização e *status* (refrigerantes, cigarros de luxo, roupas da moda, chicletes, motocicletas, carros, artigos de esporte, de beleza, etc.) não poderia ser mais as velhas marchinhas de carnaval, mas o ritmo da bossa nova, o *rock* e outros modelos internacionais da música consumida pelas novas gerações.

E foi assim que, a partir da adesão de um dos pioneiros da bossa nova ao *jingle* — o compositor Chico Feitosa, que em 1967 fundaria no Rio a Planison —, vários instrumentistas, compositores e cantores ligados ao movimento musical tipicamente classe média alta carioca começaram a ser atraídos para a área de produção das mensagens comerciais musicadas.

No mesmo ano em que, no Rio, Chico Feitosa, o Chico Fim de Noite, se tornava fabricante de *jingles*, na Bahia a cantora Maria Creuza (que logo se lançaria como intérprete de música popular sofisticada em festivais de televisão no Sul) era eleita *Rainha dos Jingles* e, no ano seguinte, 1968, dois novos compositores ligados igualmente à bossa nova em São Paulo, Walter

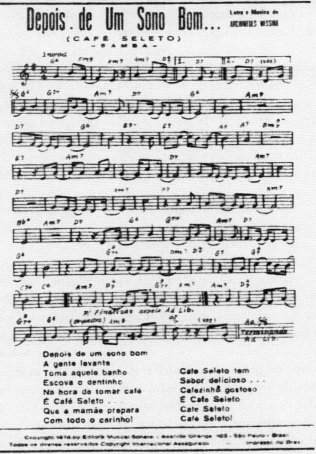

Surgido no rádio de inícios da década de 1930, o anúncio cantado e musicado, para o qual se adotou a palavra inglesa *jingle*, chegou a influir e mesmo transformar-se algumas vezes em música popular. Em 1978, um *jingle* criado para propaganda do Café Seleto seria mesmo "trabalhado" para tornar-se sucesso carnavalesco, com a publicação de sua música e letra pelos jornais, sob o título de "Depois de um sono bom...". Foto do anúncio publicado no jornal *Folha da Manhã*, de 31 de janeiro de 1978.

Santos e sua mulher Tereza Souza, partem também para o campo do *jingle*, encarregando-se ele das melodias, ela das letras.

Como seria de esperar, esses artistas atraídos ao campo da publicidade sonora pela nova realidade do mercado econômico-publicitário, que exigia seu concurso, não chegavam a ter consciência do mecanismo a que serviam, mas alguns — como era o caso de Walter e Tereza, do Estúdio Eldorado, de São Paulo — sentiam existir um envolvimento comercial abrangendo todos os campos da produção da música popular. O trecho de uma entrevista concedida por ambos ao "Caderno B" do *Jornal do Brasil* em 1973 era muito representativo dessa meia consciência do jogo empresarial a que se curvavam:

> "O artista tem que escolher entre as concessões comercializantes e o comércio puro e simples. Nós escolhemos comercializar diretamente."[106]

A prova de que o que estava em jogo, porém, era realmente a mudança qualitativa operada no mercado dos produtos do consumo industrialmente mais sofisticados seria claramente fornecida a partir do início da década de 1970, quando não apenas artistas ligados à bossa nova e à "música jovem" são atraídos para o campo da produção de *jingles*, mas os próprios maestros de tendências vanguardistas passam a ser contratados pelas empresas de publicidade. Um exemplo seria o do maestro Edino Krieger, especialmente contratado para compor a trilha sonora da sofisticada campanha de lançamento dos cigarros Hilton, e o outro, o do maestro Rogério Duprat (ligado ao chamado Movimento Tropicalista, de quatro anos antes), encarregado pela Agência Mauro Salles Interamericana de Publicidade para o ar-

---

[106] Reportagem intitulada "*Jingles*, o gênero musical que mais vende", assinada por Acyr Castro, no *Jornal do Brasil*, "Caderno B", de 22 de novembro de 1972.

ranjo da trilha sonora do filme da Pepsi-Cola, em sua fase inicial de luta de mercado no Brasil com a Coca-Cola.

Desde o despontar de 1970, quando se iniciam também na criação de *jingles* os comercialmente bem-sucedidos irmãos compositores Marcos e Paulo Sérgio Valle (autores igualmente de trilhas para novelas de televisão), a lista de músicos e criadores filiados às correntes de música internacional atraídos para o campo da publicidade sonora não para de crescer. Entre eles estarão Beto Ruschel; os componentes do depois conjunto de *rock* rural "brasileiro" Zé Rodrix, Gutemberg Guarabira e Luís Carlos Sá; Hermeto Pascoal; Theo de Barros; Hilton Acioli; Tavito, do conjunto Som Imaginário, e muitos outros.

Era essa nova realidade que permitiria ao jornalista José Roberto Berni, em reportagem para o jornal *Diário Popular*, de São Paulo, de 14 de março de 1974, intitulada "Antes do próximo jingle, um instante maestro!", prever com bom humor a inversão total de valores artísticos, dentro da divulgação da música popular urbana, ainda durante a década de 1970. Escrevia o autor da reportagem, referindo-se ao animador de um dos programas de televisão da época:

> "Ao pedir 'nossos comerciais, por favor', pode acontecer de Flávio [Cavalcanti] ter nos intervalos Erasmo Carlos com um *jingle* da cachaça Tatuzinho, extraído de um antigo sucesso seu."

E acrescentava, concluindo sua alegoria:

> "Porque ninguém duvide que essa cena imaginária possa acontecer dentro de cinco ou seis anos. O primeiro passo já aconteceu: duzentas mil cópias vendidas pela Odeon do *jingle* da Pepsi, muito mais do que qualquer sucesso nacional. Hoje, quem vende 10 mil discos deve dar graças a Deus."

Os anúncios cantados e os *jingles*

O resultado prático dessa nova realidade seria desastroso para a divulgação dos estilos ou gêneros de música mais ligados à realidade cultural das camadas populares. Incapaz de ajudar a "vender" artigos industriais sofisticados, a música popular realmente brasileira — o samba, a batucada, as canções sentimentais de estilo modinheiro, a embolada, o baião, a marcha, o frevo e outros gêneros regionais — deixou de interessar como veículo para anúncios sonoros. E como sua substituição se deu em favor de formas ligadas à música de massa internacional, identificadas com a ideia de modernidade, progresso, desenvolvimento, etc., os *jingles* de som não brasileiro passaram a reforçar, junto ao próprio povo, o processo de desnacionalização musical, fechando assim o círculo da ditadura sonora dos meios de comunicação a favor do chamado "som universal".

10.
O RÁDIO COMO TEMA DE MÚSICA POPULAR

O fato de a transmissão radiofônica permitir, pela primeira vez, a recepção instantânea, dentro das casas dos ouvintes, das vozes vivas de locutores, cantores e humoristas, gerou uma espécie de intimidade emissor-ouvinte que acabaria conferindo ao próprio aparelho de rádio, enquanto objeto, uma espécie de humanização muitas vezes levada às raias do fetichismo.

Esse caráter de feitiçaria tecnológica (a própria palavra francesa *fetiche* vem, na realidade, do português *feitiço*) acompanhou todas as invenções ligadas à reprodução de sons e imagens, desde as primeiras gravações da voz humana em cilindros às projeções de figuras com a lanterna mágica (como se depreende, já aqui, pelo próprio nome do aparelho), mas, no caso do rádio, o processo de conversão psicológica revelou-se muito mais completo.

Diante das pequenas caixas de onde saíam sons, cantos, palavras, risos e ruídos familiares, as pessoas podiam quase que visualizar, em sua imaginação, os donos daquelas vozes, o que desde logo explicaria o surgimento de admirações e paixões a distância, traduzindo quase sempre a sublimação das frustrações pessoais dos ouvintes compradores de aparelhos de rádio a prestação.

Foi essa intimidade consentida, por parte dos ouvintes, e logo buscada deliberadamente pelos artistas e locutores ("a você, que está me ouvindo"; "ouça agora, minha amiga..."; "vou cantar para vocês", etc.), que acabou levando a primeira geração de compositores do rádio a usar o próprio meio de comunicação e seus aparelhos como tema de muitas de suas músicas.

Aliás, é interessante notar, ante o levantamento quase completo dessa temática desenvolvida de 1930 à década de 1950 (quando já surgia a televisão), que os compositores souberam acompanhar exatamente a evolução psicológica da ligação entre o rádio e o ouvinte, partindo da curiosidade inicial para a quase humanização do momento seguinte, até chegar, afinal, ao restabelecimento da realidade e mesmo à crítica desmistificadora do fenômeno de identificação.

O estudo de quase uma centena dessas cenas cômicas e composições cantadas, aparecidas em disco durante os 35 anos de predomínio absoluto do rádio como meio de difusão de criações sonoras dedicadas ao lazer predominantemente urbano (as áreas rurais não atingidas pela energia elétrica ficariam excluídas até o aparecimento do transistor, pois os aparelhos de rádio posteriores aos galenas funcionavam à base de válvulas e amplificadores das ondas captadas pela antena), mostra que, no início, radiodifusão foi sinônimo de espanto e incompreensão.

Os dois primeiros discos focalizando o tema do rádio foram gravados quase simultaneamente em São Paulo em 1930 e ambos constituíram cenas cômicas em que seus autores-atores aproveitavam de maneira muito semelhante o lado engraçado da ignorância do público, principalmente do interior, ante o próprio fenômeno do rádio.

No disco "Umorístico" (sic) intitulado "No estúdio da rádio", da fábrica paulista Arte-Fone, e já citado no capítulo sobre os estúdios, o humorista Luís Dias da Silva recriava uma cena que, descontados alguns exageros, deveria ser ainda muito comum nas rádios das cidades interioranas, onde, como se viu, a transmissão se fazia quase invariavelmente da própria casa do detentor da concessão. Logo de início, quando o locutor anuncia o prefixo da rádio, ouve-se o cantar de um galo, cacarejo de galinhas e o longo miado de um gato, o que leva o *spríque* (*speaker*) a interromper sua fala para pedir, no ar:

"Terta, tira esses animar daqui que é perciso começá a irradiação."

Os artistas ficavam no bar da esquina ("e veja se o Xiririca não tá embriagado, vocês traz ele pra fazê um chorinho de chaquaio"), a banda entrava fora de hora, abafando a voz do locutor — que anunciava os números em tom de orador — e todos os quiproquós surgidos no interior do estúdio eram transmitidos fielmente, tentando-se consertar os erros com a emissora no ar, através de explicações diretas aos ouvintes.[107]

Já no disco intitulado "Rádio pá virada", gravado no estúdio da Columbia de São Paulo pelos cômicos José Calazans (o Jararaca da futura dupla com Ratinho) e Belisário Couto, após a declaração do prefixo — "Atenção! XPTO, Rádio Clube da Pá Virada" — a graça era obtida inicialmente pela transmissão de "algumas notícias que não saíram no jornal porque o jornal não saiu":

"Em Tiradentes tem um dentista tão identificado com a odontologia que quando ele tira um dente o cliente fica de boca aberta."[108]

Por trás de todas essas tiradas de humor, entretanto, o disco se mostra documentalmente importante ao revelar a atenção especial que começavam a despertar os artistas reconhecidamente "do rádio".

Assim (e embora entre duas piadas Belisário diga "Quem ouvir o nosso rádio e não pagar, surdo e mudo há de ficar", o que

---

[107] Luís Dias da Silva, disco "Umorístico" (sic) "No estúdio da rádio". São Paulo, disco Arte-Fone n° 4-025-A, 1930.

[108] José Calazans (Jararaca) e Belisário Couto, acompanhados por Zequinha e Petit, "Rádio pá virada" (cômico), disco Columbia n° 5-200-B, 1930.

lembra o fato de muitas rádios ainda serem sustentadas por associados, mediante pagamento de mensalidades) a entrada de Jararaca já é anunciada em tom de destaque especial:

"Atenção! Acaba de chegar o poeta Jararaca. Seu Jararaca, aproxime-se do nosso microfone."

O cômico Jararaca, que faz no disco o papel do deslumbrado e confuso tabaréu em visita à cidade, tornado clássico pelo teatro de revistas desde o século XIX, passa a traduzir então, numa série de tiradas humorísticas e trocadilhos, o espanto e a falta de compreensão da gente do interior diante da novidade tecnológica representada pelo rádio:

Jararaca — Aproxima do quê, homem?
Belisário — Do microfone. Do aparelho transmissor...
Jararaca — Ih! Meus Deus! Isso parece mais uma caixinha de marimbondo...
Belisário — O que é que o senhor vai declamar?
Jararaca — Eu não vou arreclamá nada. Pra mim tá tudo bom. Eu só tô estranhando é num tê ninguém aqui pra me ouvi. Dixéro qu'eu ia irradiá pra todo mundo...
Belisário — É assim mesmo. Você não conhece rádio?
Jararaca — Eu só conheço o Dr. Rádio X...

Pela explicação seguinte de Belisário percebe-se, então, que a cena se passa realmente num estúdio já ultrapassado no início da década de 1930, ou seja, ainda do tempo do rádio galena, quando a ausência de amplificação obrigava os ouvintes a usar fones no ouvido para captar as transmissões:

Belisário — É assim que eles ouve. Com esse aparelhozinho no ouvido.

Jararaca — Ah! Eles escuita com esse cabrestinho na cabeça? Quem foram que inventaram essas coisas da gente falá sem vê os outro, e os outro ouvi sem vê a gente?

Belisário — Você não sabe? É por meio das ondas.

Jararaca — Seja como for, eu não indo na onda tá certo.

Após esse curto diálogo, Belisário e Jararaca entram a cantar e a dizer alternadamente uma série de quadras em cujos versos se documentam — embora forçando um pouco a realidade para alcançar maior efeito humorístico — todos os equívocos a que se submetiam as populações dos pequenos centros atingidas pela novidade incompreensível do rádio:

Belisário canta — O povo lá do sertão
Agora tá ispantado
Pru mode das invenção
Dos apareio falado.

Jararaca fala — Mas hoje fui convidado
Pra na Columbia gravá
Eu só quero é vê eu mesmo
Ouvi eu mesmo cantá.

Belisário canta — O medo maior que eu tenho
Eu disse ao Chico Truvisco
É eu dizê umas coisa
E saí outras no disco.

Jararaca fala — Se a minha muié subé
Que eu ando nas gravação

O rádio como tema de música popular

Ela vem cá me buscá
Debaixo de pescoção.

Belisário canta — Pois o disco minha gente
É a novidade do dia
A casa que não tem disco
Não pode tê alegria.[109]

O disco, evidentemente, era conhecido no Brasil desde o início do século, mas o que os versos cantados por Belisário vinham revelar neste ponto era a importância e expansão que esse meio de divulgação musical estava experimentando, depois que o rádio passou a difundir os "sucessos" estabelecidos nos grandes centros, onde se situavam as emissoras mais importantes.

O mesmo esquema cômico da surpresa do homem do interior diante do fenômeno da gravação dos discos e sua transmissão pelo rádio seria aproveitado ainda no primeiro ano da década de 1930 por outro compositor, este agora definitivamente ligado ao meio profissional da produção de música para consumo: o médico recém-formado Alberto Ribeiro da Vinha. A composição, uma embolada gravada pelo cantor Breno Ferreira em fins de 1931, era intitulada "Zefa", e em seus versos Alberto Ribeiro contava a história de um matuto imprevistamente convidado a gravar, durante visita à capital, que era então o Rio de Janeiro. E esse dado se constituía desde logo num indicador sociocultural de interesse, pois exatamente um ano antes, em São Paulo, o folclorista-humorista Cornélio Pires começara a usar violeiros da região paulista do Tietê na gravação de modas de viola, cateretês, cururus e imitações de aves e animais nas séries *Humorística*, *Regional* e *Folclórica* de seu selo particular, na própria gravadora Columbia.

No estribilho de "Zefa" o compositor repisava o esclarecimento — "Zefa, quem canta e toca viola/ É a tal de grafonola/

---

[109] Disco cômico "Rádio pá virada", *cit.*

Não magina sou eu não" —, mas é quando conta o episódio de uma cantoria realizada pelo matuto no hotel em que se hospedara que a história ganha a relevância de um documento de época, mostrando o início das relações entre a indústria do lazer e a música dirigida às populações rurais, ditas caipiras:

> Fui p'rum hoté
> Lá pras banda da bacia
> Que eles trata de baía
> Uma tal de Guanabara.
> E fui pegando
> A viola pra cantá
> Uns nego que lava lá
> Me chamou de coisa rara.
> E um dos hóspe [hóspedes]
> Que se chama cicerone
> Me trouxe pro microfone
> Nesse quarto fechadinho.
> Eu tô cantando
> As cantiga tão saindo
> O bicho tá engolindo
> Como cobra passarinho.

Por trás de toda a ingenuidade do cantor improvisado pelos interesses das gravadoras e rádios da cidade grande, no entanto, o autor da embolada já denunciava uma certa consciência da importância da posição de "artista do disco" por parte do matuto, fazendo seu personagem dizer:

> Se lá na roça
> As muié lê o meu nome
> Anacreto Dias Gome
> No meio dessa rodinha [a etiqueta do disco]
> Eu tô perdido
> A Zefa pisa no calo

Vai querê cantá de galo
E eu não quero sê galinha.

Se ela escutá
As cantiga desta chapa [disco]
Vai havê na certa tapa
Beliscão e pontapé
Eu vou-me embora
Com a tal coisa do disco
Desta vez inté me arrisco
A briga com a muié.[110]

Passada a fase de exploração da novidade da expansão do rádio moderno, com som amplificado por alto-falante, e transformado em veículo de sons musicais transmitidos a partir de discos (desde 1927 gravados por sistema elétrico), a radiodifusão ainda seria objeto de uma música de intenção humorística, antes do tema enveredar pelo caminho do rádio-fetiche.

Nessa composição de 1935, o cateretê intitulado "As cinco estações do ano", seu autor, o bem-humorado vencedor de carnavais Lamartine Babo, já anunciava a nova tendência, ao personalizar as cinco emissoras cariocas da época, humanizando-as com o recurso de fazer os cantores falarem de suas virtudes na primeira pessoa, entre numerosos trocadilhos de sentido facilmente decifrável, na época:

Antigamente eu banquei estação de águas
Hoje guardo minhas mágoas
Num baú de tampo azul.
Já fui fraquinha, mas agora estou forte,
Sou ouvida lá no Norte,

---

[110] Alberto Ribeiro, "Zefa" (embolada), gravada por Breno Ferreira, disco Columbia nº 22-146-B. Gravado provavelmente em fins de 1931 e lançado em inícios de 1932.

Quando o vento está no Sul:
Transmite PRAC... C... C... C...

A PRAC era a pioneira Rádio Educadora, do Rio de Janeiro, e a referência trocadilhesca da estação de rádio comparada com a estação de águas se justificaria, segundo versão de Almirante em seu livro *No tempo de Noel Rosa*, "pela preferência de Lamartine Babo, ao viajar para Minas na época de suas férias".

Eu sou a Philips do samba e da fuzarca,
Anuncio qualquer marca
De bombom ou de café.
Chegada a hora do apito da sereia
Grita logo dona Irene:
— Liga o rádio, vem cá... Zé!
Transmite PRA X... X... X... X...
Transmite PRA X... X... X... X...

A Rádio Philips, como se viu, era a emissora em que o pioneiro Ademar Casé, ativo agenciador de anúncios, explorava a aceitação crescente da música popular com seu programa que começava ao meio-dia, hora do apito das sirenes das fábricas (então chamadas poeticamente de *sereias*):

Sou a Mayrink popular e conhecida
Toda gente fica louca,
sou querida até no Hospício
E quando chega sexta-feira em D. Clara
Sai até tapa na cara
Só por causa do Patrício.
Transmite PRA K... K... K... K...
Transmite PRA K... K... K... K...

A PRAK, a Rádio Mayrink Veiga, havia se transformado de fato na emissora mais popular do Rio, principalmente após a contratação do locutor e animador paulista César Ladeira, e entre seus cantores de maior cartaz figurava exatamente o simpático violonista-intérprete Patrício Teixeira.[111]

> Sou conhecida aos quatro cantos da cidade
> Sou a Rádio Sociedade,
> Fico firme, aguento o tranco.
> Adoro o clássico, odeio a fuzarqueira,
> Minha gente fui parteira do Barão de Rio Branco.
> Transmite PRAA... AA... AA... AA...
> Transmite PRAA... AA... AA... AA...

PRAA era a pioneira Rádio Sociedade, fundada pelo professor Roquette-Pinto, que por sua diretriz educativa detestava realmente a "fuzarqueira", transmitindo mais música erudita do que popular. E o fato de ser a mais antiga explicava a indicação humorística de "parteira do Barão de Rio Branco".

> Sou a Rádio Clube, eu sou homem, minha gente,
> Francamente sou do esporte,
> Futebol me põe doente: Oh!!!
> No galinheiro eu irradio para o povo
> Cada gol que eu anuncio
> A galinha bota um ovo.
> Transmite PRA B... B... B... B...

A PRAB era a Rádio Clube do Brasil, e Lamartine referia-se nesses seus versos a um episódio real muito comentado no tempo: impedido pela diretoria do Fluminense de transmitir uma partida

---

[111] Patrício Teixeira, dono de voz e interpretação personalíssimas, morreria melancolicamente pobre e esquecido num quarto de favor, no Rio de Janeiro, em 1972, levando entre seus títulos a pequena glória final de primeiro professor de violão da cantora Nara Leão, pouco antes de tornar-se a "musa da bossa nova".

de futebol de dentro do campo, o locutor esportivo Amador Santos narrou o jogo de cima do galinheiro de uma das casas vizinhas ao estádio, ouvindo-se a sua voz entre inevitáveis cacarejos das galinhas assustadas.[112]

A partir desse mesmo ano de 1933, no entanto, as ridicularias em torno do fenômeno da radiodifusão iam cessar, aparecendo em seu lugar a onda de sambas, marchas e canções que focalizariam principalmente o fascínio do próprio rádio e seus cantores sobre o público das cidades.

Assim, enquanto no cateretê de Lamartine Babo as emissoras da época, as "cinco estações do ano", ganhando voz na interpretação dos vários cantores que as representavam no disco, definiam-se por suas programações, em um samba de João Evangelista gravado por Aurora Miranda, naquele mesmo ano de 1933, a fetichização do rádio começava pela criação de um prefixo imaginário, mas magnificamente ilustrativo da atitude psicológica já então assumida pelo público em face do rádio: RSC se traduzia por Rádio Sociedade Coração.

Nesse samba intitulado "Fala RSC", o autor, após fazer a intérprete apresentar-se cantando:

> Fala RSC,
> Atenção!...
> Fala RSC
> Rádio Sociedade Coração...

transformava a voz de Aurora Miranda numa ponte psicológica entre o próprio rádio e seus ouvintes, para uma identificação que revelava desde logo uma série de conotações afetivas, a que não estava estranha a perspectiva de imaginárias ligações de caráter amoroso:

---

[112] Lamartine Babo, "As cinco estações do ano" (cateretê), gravado por Lamartine Babo, Almirante, Mario Reis e Carmen Miranda, disco RCA Victor n° 33-691-B, 6 jul. 1933.

O rádio como tema de música popular

Liga teu rádio com jeito
Pra ver se a onda pegou
Pois este samba foi feito
Com notas de amor pra te dar.

E após a repetição do estribilho (que, aliás, contava na parte do coro com a participação anônima de outro grande cantor da época, João Petra de Barros), Aurora Miranda, porta-voz da RSC, finalizava pedindo uma exclusividade de atenção que constituía um feliz achado — considerando-se a intenção de identificação da voz da cantora — ao sugerir uma ligação de amor enquanto personagem da entidade tecnológica:

Teu aparelho é perfeito,
Mas eu te peço atenção,
Não vá teu rádio do peito
Ligar para outra estação...[113]

O que permitia ao "rádio do peito", afinal, captar as mensagens de amor enviadas através da entidade mítica representada pelo cantor era o microfone. Por isso esse objeto — tal como o aparelho receptor — ganhava a relevância de um mediador entre o mistério da voz transmitida pelo espaço e os ouvintes. E era isso que, na letra de um fox-canção, "Canção ao microfone", do pianista Custódio Mesquita, o seu parceiro Paulo Roberto, o depois famoso Dr. Paulo Roberto, da Rádio Nacional, deixaria claro ao fazer o intérprete João Petra de Barros cantar:

Já toda a gente pergunta
Pela dona deste amor

---

[113] João Evangelista, "Fala RSC" (samba), gravado por Aurora Miranda, com a Orquestra Copacabana, disco Odeon nº 11-049-B, 1933.

Que faz vibrar como um gongo
A minha alma de cantor.

Microfone,
Meu confidente,
Indiferente,
À minha dor,
O meu segredo
Você revela
Ao mundo e a ela
Meu delator.

Microfone,
Ô meu amigo
Nada mais digo
Pois, se disser,
Irão soluços,
Irão gemidos
Para os ouvidos
Dessa mulher.[114]

Essa intenção de transfigurar o próprio fenômeno da radio-difusão numa relação concreta, através da transformação dos objetos tecnológicos em fetiches (o aparelho de rádio, o micro-fone, etc.), seria novamente evidenciada em 1937 na marcha "PR Você", da dupla de compositores Cristóvão de Alencar e Hervê Cordovil. Cantada por Francisco Alves, então no auge da fama, ao lado do novo ídolo Orlando Silva, a marcha levava já agora o próprio ouvinte a sentir-se parte material do rádio, através de uma série de imagens que, na realidade, o propunham como ob-jeto capaz de uma ligação física real:

---

[114] Custódio Mesquita e Paulo Roberto, "Canção ao microfone" (fox--canção), gravado por João Petra de Barros, disco Odeon nº 11-058-B, 1934.

O rádio como tema de música popular

Se o seu ouvido fosse um microfone
Ligado ao coração
Eu lhe diria bem baixinho
Quero ser *speaker* dessa estação.

E após esse estribilho inicial, lá vinham as imagens de dupla intenção em torno do tema da fidelidade "amorosa" emissor-ouvinte:

Assinarei contrato para a vida inteira,
Mas faço questão da exclusividade,
Nossa estação assim será sempre a primeira,
PR Você, Rádio Felicidade.

Assim, tal como no amor monogâmico concebido em moldes patriarcais, dependendo do grau de fidelidade do ouvinte para com sua emissora e seus artistas, tudo deveria terminar como num conto de fadas:

Nosso programa será muito diferente
Pois eu não preciso de publicidade
E o nosso amor transmitirá eternamente:
PR Você, Rádio Felicidade.[115]

O curioso é que, dois anos antes, o cantor Orlando Silva, que rivalizava a esta altura em popularidade com esse mesmo Francisco Alves, intérprete de "PR Você", havia estreado em disco com uma marcha de Kid Pepe e Zeca Ivo na qual estava implícita aquela relação de caráter algo fluido, mas de certa maneira já psicologicamente humanizada entre o rádio, emissor de ondas (inclusive de amor), e seus ouvintes:

---

[115] Cristóvão de Alencar e Hervê Cordovil, "PR Você" (marcha), gravada por Francisco Alves, disco Odeon nº 11-528, 1937.

O fascínio das vozes que chegavam aos mais distantes pontos do país, através dos rádio-receptores alimentados por válvulas elétricas, transformou o próprio rádio em tema para a música popular. Partitura da coleção do autor.

Não brinca, meu bem,
Não brinca, meu bem,
Você faz isso, mas não gosta de ninguém. (*bis*)

Em ondas curtas conheci você
Numa estação que não me lembro mais
Agora sofro sem saber por quê
Quando uma onda vem bater no cais.
Não brinca, meu bem...

Ainda ontem antes de dormir
Sintonizei para o seu coração
Nada de novo consegui ouvir
Mas escutei a dona da pensão.[116]

No fundo, todo esse relacionamento de sonho era possível devido ao certo quê de mistério científico que cercava o fenômeno da expansão das ondas hertzianas, como transparece no verso do início da segunda parte dessa marcha de estreia de Orlando Silva em que o suposto amante da mulher, conhecida através das ondas do rádio, volta a lembrar-se dela "quando uma onda vem bater no cais".

Isso fazia com que o local de onde partiam as vozes apaixonantes dos cantores figurasse também na imaginação dos ouvintes — principalmente as mulheres de áreas menos desenvolvidas, sempre mais em oposição à sua realidade pobre e mesquinha — como um lugar distante e ideal. E foi esse clima de sonho e mistério que o compositor César Cruz soube captar em 1946 nos versos de um samba-canção cantado por seu parceiro Moreira da Silva, já agora fundindo romanticamente a ideia da difusão

---

[116] Kid Pepe e Zeca Ivo, "Ondas curtas" (marcha), gravada por Orlando Silva, que começava nesta gravação como profissional do disco. Disco Columbia nº 8-111-B, 1935.

das ondas sonoras com a própria noção de amplidão e distância criada pelo rádio, numa síntese, por assim dizer, bizarramente cósmico-amorosa do fenômeno:

Céu
Estúdio Azul Lua
Microfone de um cantor
Lua que transmite as serenatas
Que eu faço a noite inteira
Em louvor ao meu amor.
Cada canção que eu canto
Mais uma estrela aparece
Na plateia da ilusão.
Cada estrela que me ouve
Manda dizer que é fã.[117]

Essa alegoria de um cantor apaixonado soltando a voz de um ponto qualquer do universo azul (tal como o astronauta Gagarin confirmaria olhando a Terra do espaço), a ponto de fazer-se ouvir pelas estrelas, ia encontrar mais de dez anos depois a sua contrapartida em nova imagem mirabolesca, mas desta vez redutora do fenômeno ao universo humano. Na valsa de Pedro Caetano e Alcides Gonçalves intitulada "Minhas valsas serão sempre iguais", o misterioso estúdio de onde partia a voz do amor era o próprio coração do cantor-amante, às vezes capaz de apaixonar-se particularmente por alguém determinado:

Está no ar
Mais uma triste audição
Vai falar
Mais uma vez meu coração

---

[117] César Cruz e Moreira da Silva, "Estúdio Azul" (samba-canção), gravado por Moreira da Silva, disco Odeon n° 12-620, 1946. A letra é reproduzida conforme publicação no *Jornal de Modinhas* de 1946.

Vão ouvir
Do estúdio da ansiedade
Mais um programa triste
Mais uma hora da saudade...
Eu já sei
Que o tema é por demais vulgar
Mas o amor
Não me permite variar
Enquanto a dor
Estiver no cartaz
Minhas valsas serão sempre iguais...

O ouvinte é capaz de não perceber
Qual o motivo do meu sofrer
Por não saber que o cantor também
Às vezes morre de amor por alguém
E este alguém é quem sabe por que razão
Minhas valsas serão sempre iguais,
Porque foi a ouvinte do meu coração
Que não me ouve mais...[118]

Ao escrever esses versos no início da década de 1960, quando o fenômeno do rádio em si não constituía mais mistério (a gravação, por Orlando Silva, em disco RCA Victor nº 80-2326, é de 1961), os autores tiveram o cuidado de estabelecer desta vez um diálogo direto entre o cantor e seus ouvintes, já nitidamente de caráter desmistificador. E, assim, embora partisse da imagem algo extravagante de um coração funcionando como um estúdio de rádio, a alegoria se confundia com a realidade no momento

---

[118] Pedro Caetano e Alcides Gonçalves, "Minhas valsas serão sempre iguais" (valsa), gravada por Orlando Silva originalmente em disco de 78 rotações da RCA Victor, sob nº 80-2326, em maio de 1961, e relançada como segunda faixa, lado B, do compacto de 45 rotações da RCA Victor nº 583-5061, 1961.

em que o cantor — aparentemente uma voz distante e partida de um ser inatingível — se afirmava como um ser humano comum, capaz como qualquer outro de "morrer de amor por alguém".

Essa humanização do cantor só fazia, na verdade, realimentar o circuito das relações mágico-afetivas emissor-receptor com as perspectivas de amor real, o que num samba de 1946 o compositor paulista Sereno já deixara claro ao anunciar, numa explosão de humanismo, em sua composição "Rádio-mensagem":

> Se acaso você vive
> N'algum lugar do mundo
> Receba esta mensagem
> Do meu amor profundo[119]

É de compreender-se que, ao funcionar socialmente como um meio catalisador de expectativas pessoais muitas vezes de realização impossível, a radiodifusão acabasse até certo ponto confundindo-se com o próprio aparelho de rádio. Possuir um rádio passava a tornar-se uma necessidade, estabelecendo uma quase dependência afetiva, uma vez que era objetivamente através do aparelho receptor que aquelas vozes capazes de responder à necessidade de sonhos das pessoas se tornavam audíveis.

Esse prestígio do rádio, enquanto aparelho tecnológico mágico, transparece também nas letras de composições da década de 1930, o que corresponde exatamente ao período de maior expansão da radiofonia em todo o país.

De fato, em 1934, ao lançar seu famoso samba cheio de breques e síncopas intitulado "Na minha palhoça", o compositor J. Cascata, no convite que fazia sem rodeios à mulher amada para morarem juntos, não esquecia de acenar-lhe com duas promessas

---

[119] Letra recolhida em número do jornal *A Modinha*, sem data, mas certamente de 1945. O samba "Rádio-mensagem", do compositor paulista Sereno, foi gravado por Neusa Maria no disco Continental nº 15-355-B, em junho de 1945.

O rádio como tema de música popular

ligadas às necessidades de lazer e de amor da mulher: em sua palhoça havia, entre outros atrativos (tais como a câmera Kodak
"para tirar nossa fotografia"), "um aparelho de rádio batata/ e
um violão que desacata".[120]

Quatro anos mais tarde, toda a implicação econômico-social que, além da afetiva, determinava a importância do rádio, ia
aparecer de forma definitiva na letra do samba-choro de Herivelto Martins, que Carmen Miranda gravaria com muita graça:

> Comprei um rádio muito bom a prestação
> Levei-o para o morro
> e instalei-o no meu próprio barracão
> E toda a tardinha, quando eu chego pra jantar,
> Logo ponho o rádio pra tocar.
> E a vizinhança pouco a pouco vai chegando
> E vai se aglomerando o povaréu lá no portão,
> Mas quem eu queria não vem nunca,
> Pois não gosta de música e não tem coração.
> Acabo é perdendo a paciência, estou cansada,
> Cansada de esperar...
> Eu vou vender o rádio a qualquer um,
> Por qualquer preço,
> Só pra não me amofinar.
> Eu nunca vi maldade assim,
> Tanto zombar, zombar de mim...
> Disse um poeta, que do amor anda descrente,
> Quase sempre a gente gosta
> De quem não gosta da gente.[121]

---

[120] J. Cascata, "Na minha palhoça" (samba). "Criação de Artur Costa", segundo o jornal *A Modinha*, nº 34, de agosto de 1934, mas gravada
por Sílvio Caldas no disco Odeon nº 11-271-A, em 1935.

[121] Herivelto Martins, "Meu rádio, meu mulato" (samba-choro), gravado por Carmen Miranda, disco Odeon nº 11-625, 1938.

Essa intimidade (e note-se que, nos versos citados, o desespero da mulher resultava do fato de não ter o seu mulato, quando já possuía até o rádio, indispensável à complementação da felicidade) ia permitir inclusive o estabelecimento de paralelos humorísticos capazes de documentar a quase humanização do próprio aparelho de rádio. Era, por exemplo, o que acontecia no cateretê "A mulher e o rádio", de Raul Torres, em que seu parceiro-letrista Cravo Marinho dizia, em tiradas de humor que buscavam semelhanças entre a mulher e o rádio:

> A muié é como o rádio
> Que vive sempre inguiçando.
> Ele não garante as válvula
> Nem a gente arreclamando.
> Se no fim de nove meis
> Ela ficar doentia,
> O pai dela diz contente:
> "Tá fora da garantia".[122]

É compreensível que, ao assumir tal importância no dia a dia de amplas camadas das populações urbanas (inclusive vizinhas de áreas rurais, considerando-se o linguajar do cateretê citado), o rádio acabasse favorecendo o surgimento de uma figura predominante. Esse personagem seria o cantor.

Através do rádio, na verdade, podia-se saber dos acontecimentos que ocorriam no mundo; rir das anedotas dos humoristas; adquirir conhecimentos práticos; divertir-se com fatos pitorescos; ouvir música ou transmissões esportivas; acompanhar dramati-

---

[122] O cateretê "A mulher e o rádio", gravado pela dupla Raul Torres e Serrinha em disco RCA Victor nº 34-351-A, em 9 de abril de 1938, estende-se ainda por uma dezena de quadrinhas em que o letrista Cravo Marinho explora as mais diferentes imagens comparativas entre as virtudes e os defeitos das mulheres com os dos aparelhos de rádio.

O rádio como tema de música popular

zações de peças de teatro ou novelas "de rádio", propriamente ditas; e, ainda, apreciar a voz de determinados locutores. Dentre todo esse variado quadro do chamado *broadcasting*, porém, a figura que sobrelevava tudo e todos era mesmo a do cantor. O cantor — mormente o cantor de gênero romântico —, com sua voz máscula ou sestrosa, era o agente mediador entre a realidade mesquinha e o ideal sonhado, trazendo para dentro das casas modestas da gente do povo ou das camadas médias em formação não apenas as promessas do amor, mas uma nova visão do mundo.

Aliás, ninguém poderia explicar melhor o fascínio do cantor de rádio sobre o público feminino, a partir dos anos 1930, do que a letra do Dr. J. Marques — que viria a ser o futuro radialista Paulo Roberto — para um fox-canção do pianista e compositor Custódio Mesquita, muito didaticamente intitulado "Cantor de rádio". Gravado em 1934 por seu criador no rádio, o hoje pouco lembrado João Petra de Barros, o fox-canção dizia, pretendendo apenas explorar em tom romântico o mito do amante impossível, mas ao mesmo tempo presente pelo milagre do rádio:

> Eu sou o cantor do rádio
> Cantor que nunca viste
> E que não verás jamais.
> Sou a melodia triste
> Dos tangos sentimentais
> Do *blues*, o samba-canção,
> Que vem através do espaço
> Pela estrada da amplidão
> Emocionar os seus sentidos,
> Acarinhar os seus ouvidos
> Ao decifrar seu coração.
> Mulher amada, fantasiada,
> Pelo meu sonho emocional,
> Sobre o tristonho

Cantor do rádio
Nesta balada sentimental.[123]

É verdade que, dois anos depois, a onda de filmes carnavalescos iniciada com o famoso e até hoje muito reprisado *Alô, alô carnaval*, os cantores não poderiam contar mais com a sedução do mistério, o que as irmãs Carmen e Aurora Miranda se encarregavam de pôr em relevo, aparecendo juntas na cena em que cantavam usando o plural que valia por uma desmistificação de toda a classe profissional:

Nós somos as cantoras do rádio
Levamos a vida a cantar
De noite embalamos teu sono
De manhã nós vamos te acordar
Nós somos as cantoras do rádio
Nossas canções cruzando o espaço azul
Vão reunindo, num grande abraço,
Corações de Norte a Sul.

Canto,
Pelos espaços afora
Vou semeando cantigas
Dando alegria a quem chora
Canto
Pois sei que a minha canção
Vai dissipar a tristeza
Que mora no teu coração
Canto
Para te ver mais contente

---

[123] Custódio Mesquita e Dr. J. Marques (Paulo Roberto), "Cantor do rádio" (fox-canção), gravado por João Petra de Barros, disco Odeon nº 11-056-A, 1934.

> Pois a ventura dos outros
> É a alegria da gente
> Canto
> E sou feliz só assim
> Agora peço que cantes
> Um pouquinho para mim...

Assim, como já existia agora uma ideia concreta do cantor de rádio, ser humano visível através do cinema, foi preciso estabelecer-se uma aproximação mais concreta com os ouvintes, numa tendência que, como já se viu, ia tornar-se definitiva nos anos seguintes, com vantagem para o cantor agora aceito claramente como um palpável ídolo de massa, então chamado de *cartaz*. Um cartaz — e este era o novo elemento de fascínio — que poderia ser não apenas a voz de um amor idealizado, mas o amante concreto de qualquer dos seus ouvintes.

E não era outra coisa, por sinal, o que o compositor Francisco Matoso deixava antever na letra de sua marcha "Em primeira audição", que Aurora Miranda gravaria para o carnaval de 1936:

> Foste sincero
> Em me dar teu coração
> Sem distinguir meu valor
> Lu vou te confessar
> O meu grande amor
> Em primeira audição. (*bis*)
>
> Não quis amar um instante sequer
> Mas o teu caso é diferente:
> Às vezes o amor não depende da gente
> Quando é o destino quem quer.
>
> Foste sincero... (*bis*)

Para este amor vou abrir exceção,
Pois tu és mesmo do meu gosto
E eu trago sempre comigo o teu rosto
Gravado no meu coração.[124]

Hoje talvez o sentido de certas expressões não fique bem entendido, mas o verso "sem distinguir meu valor" tem, no caso, um significado rico de conotações: a cantora, aparentemente inatingível, por ser apenas voz ouvida no rádio, afirma com essa frase não apenas sua condição humana, mas se confessa convencida pela sinceridade do pretendente por este lhe ter dado o coração por puro amor, quer dizer, sem levar em conta a sua condição de *cartaz* ou *valor* do rádio. E esse sentido se torna claro ao recordar-se que, quando da formação dos primeiros quadros de profissionais das primeiras emissoras de rádio, a contratação de artistas era sempre — como acontece ainda no futebol — anunciada como "aquisição de novos valores".

Criado esse clima de intimidade sugerida como real em versos do tipo "Agora peço que cantes/ Um pouquinho para mim", da marcha "Cantores do rádio", a própria Aurora Miranda se encarregaria de encurtar essa ponte direta entre o cantor e cada um de seus ouvintes, propondo praticamente na marcha de André Filho "Canto ao microfone" uma espécie de colóquio amoroso emissor-receptor:

Canto
Bem junto ao microfone
Para poder dizer
Tudo o que você
Já me fez sofrer.

---

[124] Francisco Matoso, "Em primeira audição" (marcha), gravada por Aurora Miranda, disco Odeon nº 11-329-A, 1936.

Meu amor
Ligue seu rádio baixinho, assim,
Procure ouvir a voz da minha dor
Pedindo um pouquinho de amor,
(*breque*) Talvez, quem sabe, eu seja mais feliz.[125]

Pode-se compreender que não apenas por essas veladas sugestões amorosas que correspondiam, no fundo, a uma necessidade afetiva de longínquos ouvintes, muitas vezes frustrados em seu meio (dado às condições especiais de vida na sociedade patriarcal), mas ainda por todo o fascínio que o rádio representava como transmissor de sons e expectativas da *grande cidade*, alguns cantores passaram a contar com admiradores fanáticos. E foi exatamente da palavra *fanático* que os norte-americanos, com sua tendência para as abreviações, tiraram de *fanatic* a palavra nova que definiria esse tipo especial de ouvinte: *fan*.

Divulgado no Brasil pelo próprio rádio e pelas revistas especializadas em assuntos radiofônicos a partir do início da década de 1940 — primeiro com a forma original *fan*, depois com a grafia brasileira *fã* —, essa palavra que encobria um novo fenômeno social-cultural urbano passou a ganhar variações: o apreciador de rádio em geral era o *rádio-fan*, e enquanto admirador de um cantor específico, depois de ter sido respeitosamente o *fan* durante toda a década de 1940, passaria a ser depreciativamente o *fanzoca*, a partir dos anos 1950, quando a divisão de classes atingiu o rádio, fazendo prevalecer os conceitos pequeno-burgueses de novas camadas da classe média em processo de ascensão social.

Do ponto de vista do cantor ou cantora, o fato de possuir fãs constituiu desde logo um indicador de popularidade, mas, de início, os "cartazes" preferiam esconder esse dado prático, continuando a alimentar as expectativas ideais de relacionamento

---

[125] André Filho, "Canto ao microfone" (marcha), gravada por Aurora Miranda, disco Odeon nº 11-408-B, 1936.

amoroso com seus admiradores, com ajuda dos próprios compositores, estes também se situando entre os amantes potenciais. E isso transparecia no samba "Fã preferida", de Raimundo Balma, gravado por Gilberto Alves em 1946, e em que a fã preferida do título era indefinidamente *ela*:

> Foi ela quem me deu inspiração pra fazer
> Lindo poema, um grande samba-canção
> Foi ela quem transformou minha vida,
> Entre todas minhas fãs, ela é a preferida.
> Ela mora em uma rua
> Que tem lá em Botafogo
> Por causa desta pequena
> Minh'alma está em jogo
> Domingo telefonei
> Ao escutar sua voz
> Então lembrei com saudade
> O que passou entre nós
> (*breque*) Mas foi ela, eu digo...[126]

Quatro anos antes, aliás, outro compositor, o famoso Ismael Silva, já havia aproveitado a voga da palavra *fã* para, através da voz do mesmo Gilberto Alves, ampliar-lhe o sentido, estendendo-o a qualquer um: fã seria, afinal, todo aquele que se ligava por amor ou simpatia a alguém, e não apenas através do rádio. O samba, por sinal, intitulava-se simplesmente "Fã", e seus versos diziam:

> Deixe lá que contem
> De você eu sou fã
> Hoje mais que ontem

---

[126] Raimundo Balma, "Fã preferida" (samba), gravado por Gilberto Alves, disco Odeon nº 12-574-A, 1946.

Menos do que amanhã.
Essa gente é contra mim
Até mesmo a sua irmã
Mas comigo é assim
De você cada vez mais sou fã.
Deixe lá que contem...

Eu não posso lhe esquecer
Isto é que não há talvez
Mesmo sempre ouvi dizer
Que otário nunca teve vez.
Deixe lá que contem...[127]

A verdade, porém, é que sob o nome de fã se encobria um fenômeno novo no relacionamento entre o público e os artistas mais representativos da música da era industrial: os fãs constituíam não apenas a prova da popularidade do artista, mas seu mercado potencial, na hora de vender os discos que registravam as canções por eles popularizadas através de seus programas nas rádios.

E essa verdade, afinal, se tornou tão evidente a partir dos fins da década de 1950, que o escandaloso e criativo cantor Orlando Dias passou a agradecer os aplausos do público feminino da Rádio Nacional caindo de joelhos, jogando beijos e acenando com enorme lenço branco, enquanto gritava: "Obrigado, minhas fãs! Eu devo tudo a vocês! Obrigado! Obrigado!".

Esse rasgo de sinceridade ao mesmo tempo simplório e esperto do cantor Orlando Dias ia merecer uma sátira assinada por Madame Messias, sob a forma de marcha intitulada "Obrigado, minhas fãs", que o palhaço Carequinha gravaria e cantaria com sucesso no carnaval de 1961:

---

[127] Ismael Silva, "Fã" (samba), gravado por Gilberto Alves, disco Odeon nº 12-189-B, 1942.

Obrigado, minhas fãs!
Obrigado, minhas fãs!
Obrigado, minhas fãs!
Obrigado, minhas fãs!
Eu vivo pra vocês,
Adoro vocês,
Amo vocês,
Vocês, vocês, vocês,
Eu não vivo sem vocês...
Vocês, minhas fãs!...[128]

Mais discretamente, mas com igual verdade, isso era o mesmo que seis anos depois outros versos iriam documentar na "Canção das fãs", de Gabriel Pessanha e Paulo Aguiar, através da voz do cantor José Francisco:

Depois de viver tantos anos
Num mar de incertezas
Somente através de vocês
Vivo num sonho de amor
Numa eterna paixão.
E agora, a vocês, minhas fãs.
Só me resta dizer de uma vez.:
Obrigado![129]

O "mar de incertezas" vivido tantos anos só podia ser, é claro, um eufemismo a ocultar a confissão da luta e das privações do artista do rádio até obter uma posição de prestígio, o que só era conseguido quando podia contar com um público — o públi-

---

[128] Madame Messias, "Obrigado minhas fãs" (marcha), gravada por Carequinha, disco Copacabana nº 6-197, para o carnaval de 1961.

[129] Letra conforme publicada na revista *Vamos Cantar*, edição da *Revista do Rádio*, nº 196, de 1967, que esclarece ter sido a música gravada por José Francisco, na Philips, o que nos foi impossível comprovar.

O rádio como tema de música popular

co representado ostensivamente pelas fãs que aplaudiam nos auditórios, e às quais era preciso dizer "obrigado!".

A esta altura, aliás, esse público por assim dizer cativo dos programas de auditório de maior sucesso atingia tal grandeza que, em 1956, ao ser lançada pela ABR (Associação Brasileira de Rádio) a campanha em favor do hospital da classe, em Botafogo, o compositor Wilson Batista e seu parceiro Jorge de Castro compuseram uma marcha carnavalesca que valia por um apelo velado à força econômica da massa de gente admiradora do rádio: a "Marcha das fãs", cantada por Black-Out (ou Blecaute):

> Eu vou sair de fã
> Já comprei minha fantasia
> No meu bloco vai a Linda e a Emilinha,
> Marlene e Isaurinha
> E a Ângela Maria...
>
> Esta marchinha
> Vai fazer sucesso
> Vai cair no gosto
> Do pessoal
> Vamos dar 15%
> Para a ABR
> Melhorar seu hospital.[130]

Quer dizer, quanto mais fãs comprassem o disco e maior fosse o sucesso da música no carnaval, maior seria a fatia dos 15% de direito autoral que os compositores se comprometiam a oferecer em favor do hospital da ABR.

Ora, na medida em que o público ouvinte de rádio, traduzido na figura do fã, se tornava uma força econômica (compran-

---

[130] Wilson Batista e Jorge de Castro, "Marcha das fãs" (marcha), gravada por Blecaute, disco Copacabana nº 5-517-B, e lançada para o carnaval de 1956.

do discos e consumindo os produtos anunciados nas mensagens comerciais), e também uma prova de prestígio pessoal, ser cantor de sucesso passava a constituir para um artista de origem muitas vezes humilde uma realização insuperável.

O prestígio de "ser do rádio", aliás, vinha da década de 1930, quando surgiu a moderna criação do ídolo de massa por trás da denominação de *cartaz*: o artista com nome em relevo nos cartazes de anúncio dos programas e espetáculos.

Muito curiosamente, quem iria documentar de maneira admirável o aparecimento desse fenômeno seria a própria música popular da época. Em um samba composto em 1933, durante a polêmica sonora com Noel Rosa, e só gravado em disco em 1956, o compositor Wilson Batista evidenciava o desprezo dos criadores das camadas mais baixas do povo pelos primeiros profissionais do rádio. Colocados, enquanto malandros — isto é, na situação de marginais da sociedade, por condição de não integração na estrutura econômica —, na posição de criadores sem perspectivas de transformar sua arte numa fonte de renda, os compositores mais humildes enxergavam uma espécie de traição à "classe" o ingresso nos meios do rádio. E era isso que Wilson Batista deixava claro nesse samba intitulado "Mocinho da Vila", no qual a própria palavra *mocinho* já valia por uma colocação com base nas diferenças de classe: Noel, apesar de sambista, era, no fundo, o moço de família da classe média do bairro de Vila Isabel, que logo encontrara a forma de profissionalizar seu talento, ingressando no rádio:

> Você, que é mocinho da Vila,
> Fala muito em violão,
> Barracão e outros fricotes mais,
> Se não quiser perder o nome
> Cuide do seu microfone
> E deixe quem é malandro em paz.[131]

---

[131] Cantado inclusive nas rádios a partir de 1933, o samba "Mocinho

Em pouco tempo, no entanto, mesmo os malandros — e o próprio Wilson Batista seria um exemplo disso — começaram a ingressar no meio radiofônico como fornecedores de músicas ou como cantores, e logo o que era motivo de desprezo transformou--se em ponto de glória. A partir de 1935 passava a existir uma contradição interna dentro das camadas marginais da cidade do Rio de Janeiro que opunham agora o malandro ao vagabundo. Quer dizer, ambos se reconheciam à margem da estrutura econômica e social, da qual não participavam com a venda de força de trabalho em caráter estável (os dois não tinham emprego fixo), mas o conceito de malandro passava a englobar a capacidade de usar o seu talento artístico nos meios do rádio, como um expediente a mais.

Esta pequena particularidade, admirável como chave para explicar certos conceitos da linguagem popular carioca da década de 1930, tão rica de significações ideológicas ligadas à realidade econômico-social das camadas urbanas mais baixas da cidade, estava explicada claramente no samba "Diferença do malandro", de José Gonçalves (o futuro Zé da Zilda) e Artur Costa, que dizia, em 1933:

> Eu vou dizer qual é
> A diferença do malandro
> (*breque*) Do malandro
> Para o vagabundo...
> É que o malandro vive na cidade
> Gozando as delícias que tem neste mundo
> E o vagabundo fica lá no morro
> Cantando samba pra beber cachaça,
> De boca aberta, bancando o palhaço,
> E o malandro para isso não se passa.

---

da Vila" só seria gravado pelo cantor Roberto Paiva na década de 1950 no LP de dez polegadas intitulado *Polêmica*, Odeon MODB 3-033, 1956.

Se o malandro acorda ao meio-dia,
Tem o criado para lhe servir,
Enquanto o vagabundo vive na orgia
A noite inteira sem poder dormir.
Mas o malandro chama o automóvel
Manda o chofer tocar para a pensão
O vagabundo vai na tendinha
Toma um café-caneca com um pão de tostão
(*breque*) Eu vou dizer.
Se o malandro dá um passo errado
Tem o advogado pra lhe defender,
Enquanto o vagabundo, andando alinhado,
Vive perseguido sem saber por quê.
Mas o malandro vai pro microfone
Com seu chapéu de palha, vai e desacata,
O vagabundo vai pra batucada
Brincar banda jogada, pra se machucar
(*breque*) Eu vou dizer.[132]

Ora, se o recrutamento de artistas para o rádio, principalmente na área dos compositores e cantores, se fazia inclusive nessa área social compreendida por grupos de tão baixa condição econômico-social, pode-se perceber claramente o grau de importância que assumia o fato de alguém ter acesso ao microfone.

E, de fato, a música popular das décadas de 1930 e 1940 não deixa de ser farta em exemplos dessa nova perspectiva de ascensão aberta na área artística à gente das camadas populares. E em um samba de Portello Juno e J. Portella intitulado "Essa cabrocha", gravado por Carmen Miranda em 1939, verifica-se que essa oportunidade se abria também para as humildes filhas

---

[132] José Gonçalves e Artur Costa, "Diferença do malandro" (samba), letra conforme publicação no jornal de modinhas *A Voz do Mundo*, agosto de 1936, p. 2. Não temos notícia da gravação deste samba em disco.

O rádio como tema de música popular

do povo, as cabrochas que, até então, só saíam do anonimato eventualmente ao serem vistas remexendo as cadeiras num desfile de escola de samba:

Quem não acredita, vem ver
Uma cabrocha sambar...
Mexendo com as cadeiras
E seu feitiço no olhar
Toda risonha e faceira
No meio da batucada
Se desmanchando
E deixando a turma abafada
Escola!

Essa cabrocha quando entra para o samba
Não acredita em bamba, nem tampouco no azar,
Essa cabrocha é a alegria do morro
Quem vai lá fica espantado e quer a cabrocha roubar.
Vou me pirar.
Lá na cidade já mandaram uma proposta
Convidando a cabrocha pra num rádio ir cantar
Abandonar o morro ela tem pena
Pois lá não existe antena, a luz que tem lá é o luar
E o meu olhar.[133]

Ingressar no rádio como cantor valia, de fato, por uma mudança radical de hábitos de vida e de *status*. O cantor, que estreava quase sempre com timidez e pobremente trajado, começava logo depois a vestir-se pelo figurino da moda, passando em seu meio humilde a ser considerado grã-fino, como desde logo indicava a letra do samba-choro "Grã-fino respeitado", de Me-

---

[133] Portello Juno e J. Portella, "Essa cabrocha" (samba), gravado por Carmen Miranda, disco Odeon nº 11-851-A, 18 abr. 1939.

tade, e cantado em 1946 por um desconhecido Domores Soares, que se intitulava "O satanás do samba":

> Sou brasileiro
> Sou do Rio de Janeiro
> Sou grã-fino respeitado
> Em altas malandragens
> E com vantagem
> De ser bem considerado.
> Meu nome vive em cena
> Na boca das pequenas
> O meu cartaz é conhecido até demais
> Como artista competente.
> Todos sabem o meu valor
> Eu sou cantor de microfone
> Sou feliz...
> Quando acabo de cantar
> O auditório pede bis...[134]

O resultado dessa profissionalização seria, em pouco tempo, o da valorização exclusiva do artista ou compositor integrado aos quadros do *broadcasting*: o antigo malandro criador ou intérprete de música popular precisava agora aderir em pé de igualdade com os "mocinhos" (da vila ou da cidade) à estrutura do rádio, transformado em negócio sério, comercial, sob pena de ver-se rejeitado para aquela categoria desprezível de amador vagabundo. Pois até essa minúcia sociológica ficaria expressa numa música gravada por Aracy de Almeida em 1943: o samba de Germano Augusto e Gabriel Meira "Maestro caixa de fósforo", cuja letra dizia, após a significativa frase de abertura "Sai pra lá, maestro caixa de fósforo!":

---

[134] Letra conforme publicação em número do *Jornal de Modinhas* de 1946. Não temos notícia de gravação em disco.

O rádio como tema de música popular

Nunca ouvi seu nome
Lá no microfone
Seu samba
Nasce e morre no botequim
Quanto tempo perdido
Quanto café pequeno
Quanto papel rabiscado
Quantas noites de sereno
Sai pra lá, sai pra lá![135]

De fato, se ao entrar para o rádio o malandro-artista criador perdia a liberdade pessoal que gozava enquanto vagabundo (isto é, enquanto excedente de mão de obra urbana), ganhava em troca uma das únicas oportunidades de integração na estrutura econômico-social, só aberta às humildes camadas de negros e mestiços do povo pelas vias da vida radiofônica e do futebol.

Essa verdade sociológica, só muito depois estudada e comprovada em nível de investigação científica na tese universitária intitulada *Cor, profissão e mobilidade: o negro e o rádio de São Paulo*, do professor João Batista Borges Pereira, já estaria, porém, claramente expressa também sob a forma de música popular com grande antecedência. A composição sociologicamente reveladora era a marcha de Nássara e J. Cascata, "É o maior", lançada para o carnaval de 1956, e cujo título fazia referência ao grito com que as torcidas dos auditórios de rádio recebiam seus ídolos ao surgirem no palco: "É o maior! É o maior! É o maior!":

Mamãe, eu não quero
Não quero trabalhar de sol a sol...

---

[135] Germano Augusto e Gabriel Meira, "Maestro caixa de fósforo" (samba), gravado por Aracy de Almeida, conforme indicação do jornal *A Modinha*, de dezembro de 1943, onde está transcrita a letra que reproduzimos aqui.

Quero ser, ser,
Cantor de rádio,
Ou então jogador de futebol.

Quando eu cantar
Todo mundo vai gritar:
"É o maior! É o maior!..."
Quando eu fizer balançar o véu da noiva
Quero escutar:
"É o maior!..."[136]

No caso do rádio, o caminho artístico até poder ouvir os gritos de "É o maior", no entanto, não era nada fácil, como desde 1937 os compositores Portello Juno e Cícero Nunes haviam deixado claro na letra do samba-choro "Me dá, me dá", gravado por Carmen Miranda:

Você sabe que o meu não é nenhum
Por isso é escusado você me pedir algum
Isto é feio, viver de expediente,
Você não é aleijado, não é cego, nem doente.
Você não tem coragem de enfrentar um batedor
E quando eu lhe vejo chego até a sentir pavor.

Tenho a certeza que você vem conversar
Com a velha conversa do "me dá, me dá, me dá".
(*breque*) Quatro tostões pra mim jantar,
me dá, me dá...

Contar vantagem é que você nunca se cansa
Sempre com a conversa que vai receber herança

---

[136] Nássara e J. Cascata, "É o maior" (marcha), gravada pelo conjunto Trigêmeos Vocalistas, disco Sinter n° 00-00444, 1956.

Dia pra dia você está se derretendo
Se a herança não vier você vai acabar morrendo.

Você não reflete que está atrapalhado
Sempre com a mania de ser cantor de rádio
Vou lhe dar um conselho: arranje uma colocação
Porque sopa de vento não é alimentação.
(*breque*) Vá quebrar pedra na pedreira,
que é bem bom pro seu pulmão...

Quando esse tipo marginal dos grandes centros urbanos, tão exatamente descrito nessa letra do "Me dá, me dá", conseguia, afinal, um lugar na estrutura do rádio e, eventualmente, chegava ao sucesso popular, todos os sacrifícios tornavam-se afinal compensados. Transformado em cantor de rádio, o filho do povo — indistintamente o branco pobre, o negro ou o mestiço — assumia magicamente a posição de trovador da era tecnológica, e podia triunfar diante de um público fiel de fãs igualmente preso ao sortilégio da canção. Tudo como, aliás, ficaria tão bem registrado pelo compositor Ataulfo Alves e seu parceiro Wilson Falcão na marcha dialogada em que, sob o título "Trovador não tem data", traçavam em 1940 o resumo histórico-sociológico do fenômeno do cantor de rádio melhor do que qualquer tratado científico:

Ela — Nos lindos tempos de outrora
Desde a noite até a aurora
Cantando versos de amor
Ouvia-se o trovador.

Ele — Hoje tudo está mudado.

Ela — Mas o trovador não tem data
Eu sou do século XX
Mas gosto de serenata...

Ele — Ó linda imagem
de mulher que me seduz...

Ela — O microfone se fez
E o trovador foi ficando
No rol das coisas passadas
E hoje em dia
Ele canta de uma só vez
Para mil namoradas.[137]

---

[137] Ataulfo Alves e Wilson Falcão, "Trovador não tem data" (marcha), letra conforme publicação no jornal *A Modinha*, nº 276, jan. 1940.

O rádio como tema de música popular

No auge da influência do rádio como veículo de comunicação, em 1941, a Rádio Mayrink Veiga promove seus artistas em anúncios de página inteira das revistas: os três contratados cujas fotos aparecem no anúncio são, da esquerda para a direita, o cantor Carlos Galhardo, a cantora Odete Amaral e o locutor César Ladeira. Anúncio publicado na *Revista da Semana*, do Rio de Janeiro, de 3 de maio de 1941. Da coleção do autor.

11.
PROGRAMAS E NOMES FAMOSOS NA MÚSICA POPULAR

Ao iniciar-se a década de 1940, o rádio estava no auge enquanto veículo de formas de lazer destinadas às necessidades das massas urbanas, principalmente as de menor poder aquisitivo. Na verdade, para as pessoas da chamada categoria B da classe média para cima, a cidade ainda oferecia algumas condições de divertimento, como o cinema, os cabarés, os *dancings*, o teatro musicado, o teatro lírico e de comédia, os *shows* de cassinos e a novidade das boates.

As camadas humildes, entretanto, compostas predominantemente por negros e mestiços e que constituíam o grosso da base social do Rio de Janeiro, só contavam então, além do rádio e dos bailes em gafieiras, com oportunidades episódicas de diversão, tais como os feriados nacionais, o carnaval ou a Festa da Penha.

Era essa circunstância que, como se viu, ia não apenas dar popularidade aos auditórios de rádio, enquanto teatro-circo dos pobres, mas tornar também importantes na vida das pessoas determinados programas e horários radiofônicos.

E assim foi que, tal como na década de 1930, o aparelho de rádio, em si, chegou a transformar-se em *fetiche*; a partir de 1940 foram determinadas figuras e programas de rádio que ganharam essa importância quase mágica. E, também neste caso, a temática da música popular ia revelar-se um excelente documento para comprovar a extensão e a originalidade do fenômeno.

De fato, quando em 1942 morreu em São Paulo, com menos de 20 anos, o cantor de sambas Mário Ramos, o Vassourinha, sua figura comovente de ex-*boy* da Rádio Record, transformado em ídolo do rádio e do disco, estava de tal maneira identificada com o público paulista que sua saga não deixou de inspirar um samba.

A composição revela-se importante hoje não tanto pela qualidade dos versos, mas como indicadora do tipo de reação do público em relação aos nomes mitificados pelo rádio, pois Vassourinha era visivelmente chorado nos versos do compositor Ernestino Pereira como um moderno herói do povo. E tão próximo das pessoas de origem semelhante que o samba se transforma quase numa nênia a um nume familiar, no estilo das religiões antigas.

Diziam os versos desse samba, intitulado "Nossa homenagem", o que já indicava, pelo uso do plural, uma consciência do sentimento necessariamente coletivo da mensagem:

> Em homenagem
> do saudoso Vassourinha
> Tão depressa se acabou
> Nosso amigo Deus levou
> Ele que muito sambou
> Ele que era sambista
> Vassourinha era artista
> Já bastante popular.
>
> Se é verdade que o samba
> É preciso de molho
> Ele sabia dar. (*bis*)
>
> Quem é que não conhecia
> No rádio ou nos festivais?
> O *speaker* anunciava:
> Rei do Samba, e nada mais.
>
> Se é verdade que no Céu
> Tem lugar para um bom cantor

Vassourinha já está lá
Que Jesus o contratou.[138]

A mesma reação se daria dez anos mais tarde, agora com caráter de comoção nacional, com a morte de Francisco Alves em desastre de automóvel na estrada Rio-São Paulo, em 27 de setembro de 1952. Neste caso, porém, como o cantor de sucesso representava um valor econômico para a indústria do disco, aos versos dos compositores intérpretes da dor coletiva viria juntar-se o luto oficial das empresas interessadas.

E eis como, ao lado de pelo menos quatro composições especialmente compostas para chorar a morte de Francisco Alves — o samba "Chico Viola", de Nássara e Wilson Batista (RCA Victor 80-1058-A); "Silêncio do cantor", samba de Joubert de Carvalho e David Nasser (Odeon 13-405-A); "Violão em silêncio", samba de Laerte Santos e Araguari (Ritmos 20-0001), e a toada "A morte de Francisco Alves", de Raul Torres e Sebastião Teixeira (Copacabana 5-040-A) —, é também lançada pela Odeon, como verso da marcha-rancho "Meu rouxinol" ("homenagem póstuma" de Deusdedith Pereira Matos e Mário Rossi), a homenagem particular da gravadora do artista morto. E isso foi feito, aliás, da forma industrialmente mais barata: a face B desse disco de 78 rotações nº 13-350 não recebeu qualquer gravação e, no selo, aparecia a explicação: "O silêncio desta face não gravada é o nosso preito de veneração àquele que foi o 'Rei da Voz'".

Mais eloquentes do que a gravadora do artista, no entanto, os autores das músicas dedicadas à memória de Francisco Alves voltaram a insistir na ideia de que o cantor popular, depois de

---

[138] Ernestino Pereira, "Nossa homenagem" (samba), publicado na *Revista das Modinhas*, nº 4, de São Paulo, em 1949, com a indicação: "Criação de Pereira de Souza". Não conseguimos determinar se a composição chegou a ser gravada em disco.

Programas e nomes famosos na música popular

morto, passa a cantar ao lado dos anjos num céu imaginado segundo a visão brasileiro-popular do catolicismo.

Assim, enquanto em "Chico Viola" Nássara e Wilson Batista, após lembrar que "todo o Brasil emudeceu", afirmavam:

> Na voz do seu plangente violão
> Ele deixou seu coração.
> Partiu, disse adeus, foi pro céu,
> Foi fazer, foi fazer companhia a Noel,

na toada "A morte de Francisco Alves", Raul Torres e seu parceiro Sebastião Teixeira faziam as vozes femininas da Dupla Brasil Moreno cantar, com a fantasia misturando-se a uma linearidade de notícia de jornal:

> Vinte e sete de setembro
> Triste dia que Deus marcou
> Às cinco e meia da tarde
> Morreu grande cantador
> A notícia foi tão triste
> Quando o rádio noticiou
> A morte de um grande artista
> Que o nosso Brasil criou.

> Lá se foi Francisco Alves
> O maior dos cantador
> Ele agora está no céu
> Cantando pra Nosso Senhor. (*bis*)

> Lá no céu outros artistas
> Eu sei que Chico encontrou
> Outros artistas saudoso
> Que a morte também levou
> Chico Alves, Rei da Voz,
> Quando lá no céu chegou

Deus lhe disse: "O vosso tempo
Lá na Terra terminou".

Lá se foi Francisco Alves...

Cantar os mortos da música popular passou a ser, desde
então, um hábito comum entre os compositores que, assim, sem
o imaginar, ressuscitavam no Brasil do século XX o velho costu-
me trovadoresco e jogralesco medieval português de compor e
cantar endechas para os mortos reais, como acontecia em 1325
por ocasião da morte do rei trovador D. Dinis:

Os namorados que trobam d'amor,
Todos deviam gram doo fazer,
E nom tomar en si nenhum prazer,
Porque perderom tam boo senhor
Com'é elrey Dom Denis de Portugal.[139]

A diferença estaria apenas em que, bem menos fúnebres do
que os jograis portugueses, os compositores brasileiros não re-
cuavam em compor suas endechas, inclusive sob a forma de ale-
gres marchinhas de carnaval, como se deu, por exemplo, em
1966, quando da morte do famoso letrista Orestes Barbosa. Sob
o título de "Orestes Barbosa", os compositores carnavalescos
Santos Garcia, Sebastião Mota e A. Nascimento diziam, pela voz
de Nora Ney:

Orestes
Mestre dos mestres
Do cancioneiro popular.

---

[139] Endecha incluída como número 708 no *Cancioneiro da Vaticano*,
citada por Teófilo Braga em *O povo português nos seus costumes, crenças e
tradições. Vol. I: Costumes e vida doméstica*. Lisboa, Livraria Ferreira Editora, 1885, p. 196.

Orestes
Mestre dos mestres
Os teus poemas
O Brasil
Eternamente vai cantar.[140]

Ou, ainda, quando da morte de Ary Barroso (por sinal no domingo de carnaval de 1964), lembrado juntamente com Orestes naquele carnaval de 1966 nos versos da marcha "Ary Barroso não morreu", que repisavam a ideia da volta do artista às fontes divinas da inspiração após a morte:

Ary Barroso não morreu,
Não morreu, não senhor,
Ary Barroso foi ao Céu
Buscar inspiração para o compositor.

Lá, de onde estará,
A nós, por certo, vai mandar
A divina inspiração
De um samba-canção
Da sua glória sem par.[141]

Ao mesmo tempo, alertados para a crescente popularidade de alguns artistas, os compositores de música especialmente destinada à clientela do rádio chegavam à conclusão de que explorar

---

[140] Santos Garcia, Sebastião Mota e A. Nascimento, "Orestes Barbosa" (marcha), publicada na revista *Vamos Cantar*, nº 179, edição *Carnaval de 1966*, com a indicação "Gravação Guarani de Nora Ney", o que não foi possível comprovar.

[141] Jorge Afonso, "Ary Barroso não morreu" (marcha). "Gravação Guarani de Celinha Alves", segundo indicação da revista *Vamos Cantar*, nº 179, que publica os versos citados entre outras letras de músicas destinadas ao carnaval de 1966.

o nome de certos ídolos dos auditórios poderia também ser um bom motivo para vender discos. E, assim, ao lado das músicas falando episodicamente de cantores e compositores mortos, começaram a aparecer — principalmente no carnaval — composições citando os nomes dos artistas e animadores de auditório mais conhecidos do tempo.

Entre essas músicas visivelmente destinadas a capitalizar o entusiasmo dos ouvintes de rádio estaria em 1949 o samba "Ai... Ary", em que o excelente Wilson Batista e seu constante parceiro e amigo Jorge de Castro, aproveitando a popularidade das narrações esportivas de Ary Barroso — torcedor fanático do Flamengo carioca, e cuja característica principal era saudar os gols tocando uma gaitinha de boca —, usavam a duplicidade de sentido da palavra gaita (que na gíria significa "dinheiro") para uma espécie de apelo de sambista pobre ao radialista rico:

> Ai... Ary,
> Ai... Ary,
> Tô sem gaita
> Meu bloco não vai sair.[142]

Nesse samba, em todo caso, Ary Barroso ainda era identificado não apenas como animador do rádio, mas como torcedor do Flamengo, mas dois anos depois, no auge do sucesso de Emilinha Borba como líder de fã-clube na Rádio Nacional, os compositores Fernando Lobo e Manezinho Araújo não precisavam sequer explorar a figura da cantora: seu samba chamava-se apenas "Emilinha", e na letra não havia qualquer referência a Emilinha Borba. A música usava apenas a ligação ideológica das

---

[142] Wilson Batista e Jorge de Castro, "Ai... Ary" (samba), gravado por Jorge Veiga em disco Continental n° 15-978, para o carnaval de 1949. Na segunda parte há ainda uma referência à paixão de Ary Barroso, que servia para identificá-lo como inspirador da música: "Ary, eu sou Flamengo/ Sofro até o fim/ Você que está com a banca/ Vê se faz algo por mim".

Programas e nomes famosos na música popular

fãs com o nome "Emilinha", o que bastava para garantir-lhes a atenção:

> Foi tanta dor,
> Tanta, meu bem,
> Só porque você não sente
> O amor que a gente tem
> (*breque*) Emilinha, meu bem...[143]

Já em 1963, porém, ao ser lançada a marcha "Bloco do Carequinha", seus autores não se limitavam a usar a popularidade do próprio intérprete, o palhaço Carequinha (então em voga na televisão), mas invocavam em bloco os nomes de alguns dos mais conhecidos cantores e animadores de auditório da Rádio Nacional:

> Tem Dalva, tem Marlene, chi...
> Tem Emilinha,
> No bloco do Carequinha...
>
> Tem rebolado
> Tem, tem, tem,
> Tem broto por aí,
> Tem, tem, tem, tem,
> No bloco do Carequinha
> Tem Gracindo, tem o César,
> E tem Cauby.[144]

---

[143] Fernando Lobo e Manezinho Araújo, "Emilinha" (samba), gravado por Jorge Veiga em disco Continental n° 16-495-B, para o carnaval de 1951.

[144] Vicente Amar e Almeidinha, "Bloco do Carequinha" (marcha), letra conforme publicada na revista *Vamos Cantar*, n° 143, consagrada às músicas para o carnaval de 1963, e incluindo a indicação: "Gravação Copacabana de Carequinha". Os artistas citados eram os cantores Dalva de

O interesse promocional dos compositores ficava desde logo evidenciado na escolha deliberada dos nomes dos cantores mais populares nos programas de auditório dirigidos por Paulo Gracindo e César de Alencar na Rádio Nacional: agradando aos animadores e seus principais cantores, estaria garantida a divulgação da marcha pelos dois maiores programas de auditório do Rio de Janeiro, possuidores de ouvintes em todo o Brasil.

Não era outro, aliás, o objetivo dos compositores profissionais ligados aos meios radiofônicos que, a partir do início da década de 1940, passaram a explorar a popularidade de certos programas, inaugurando o filão do próprio rádio como tema de suas composições.

Nesse sentido de popularidade capaz de estimular a inspiração "dirigida" dos compositores, nenhum programa de rádio motivou mais autores de sambas e marchas na virada das décadas de 1940 para 1950 do que os do *disc-jockey* Abelardo Barbosa, o Chacrinha. Criador de um estilo particular de animação de programas noturnos, então chamados de *rádio-bailes*, à base da transmissão de música de discos (iniciado na Rádio Clube de Niterói, cujo estúdio funcionava numa pequena chácara, origem do nome Chacrinha), Abelardo Barbosa passou a ser cortejado pelos compositores para divulgar suas músicas, primeiro no programa *Rei Momo na chacrinha* e, depois, *No cassino da chacrinha*. E assim foi que, em 1948, usando como pseudônimo o nome de sua mulher, Marina Batista, o compositor Wilson Batista, tendo como parceiro Benjamin Batista, lança para o carnaval a marcha *Um baile na chacrinha*, em cuja letra aproveitava inclusive expressões cunhadas em seu programa por Abelardo Barbosa, como "Salve ele!", "Salve ela!" (Chacrinha fingia receber a visita de cantores e maestros no estúdio em que, na realidade, passava a noite sozinho):

Oliveira, Marlene, Emilinha Borba e Cauby Peixoto; e os animadores de programas de auditório Paulo Gracindo e César de Alencar.

Vamos Mariana
Veste esta baiana
Eu tenho certeza
Você vai ser rainha.
Eu quero, eu quero, eu quero,
Vamos nos acabar
Lá no *Baile da chacrinha*.
Eu e você quando entrar
O maestro vai gritar:
"Salve ele! Salve ela!"
Não dê ouvido à vizinha
Vamos brincar na chacrinha
Mariana.[145]

No ano seguinte, era um compositor novato e ainda inseguro inclusive na grafia do nome artístico — aparecia às vezes como Zequet, e só mais tarde se fixou na forma Zé Keti — quem lançava em parceria com Orlando Bittencourt o samba "No cassino da chacrinha", cujo personagem dizia ter sido abandonado pela namorada "Só porque fui dançar/ No cassino da chacrinha".

Pois em 1950, pelo terceiro ano consecutivo, o programa do Chacrinha e o próprio Abelaldo Barbosa figurariam na música de carnaval em nova marchinha: "Baile na chacrinha", de Jorge Tavares e Nestor de Holanda. Gravada pelo conjunto Quatro Ases e Um Coringa, a marcha — que chegou a alcançar relativo sucesso no carnaval — contava já agora com a participação do próprio Abelardo Barbosa, que aparece ao fundo tocando sua buzina com o grito de guerra que levaria mais tarde para a televisão "Tereziiii-nha...!":

---

[145] Benjamin Batista e Marina Batista (na realidade, Wilson Batista), "Um baile na chacrinha" (marcha), letra conforme publicação no *Jornal de Modinhas Ilustrado*, nº 164, de 1948.

A era do rádio

Quando eu vou
A um baile na chacrinha
E agarro uma morena,
Salve ela, a noite é minha,
Mas se a morena
Esperar até o fim,
Depois da meia-noite,
Ôba, está pra mim.

É bom dançar
Na mais perfeita confusão
Brincar, pular,
Sem ter fiscal de salão.
A turma lá manda ou não manda?
É de cabeça pra baixo
E a Terezinha
Manda no meu coração.[146]

Curiosamente, porém, ao contrário das músicas feitas para louvar artistas vivos ou mortos, as composições focalizando programas determinados — exceção feita ao do Chacrinha — revestiam-se quase sempre de um tom de crítica ou de glosa irônica. E as circunstâncias que envolveram a composição da primeira dessas músicas, o samba intitulado "Mais um episódio", servi-

---

[146] Jorge Tavares e Nestor de Holanda, "Baile na chacrinha" (marcha), gravada pelo conjunto Quatro Ases e Um Coringa em disco Odeon nº 12-961, para o carnaval de 1950, com a participação de Abelardo Barbosa, o Chacrinha, e sua buzina. As expressões "dançar na mais perfeita confusão" e "manda ou não manda?" eram referências a falas conhecidas do animador em seu programa. Vinte e tantos anos depois Chacrinha voltaria a inspirar compositores com suas brincadeiras no programa *A buzina do Chacrinha* na televisão. De fato, ainda em 1977 o samba de Ivan Lins intitulado "Dinorah" falava das *Chacretes* (moças que animam o programa, dançando, ao fundo), e o conjunto *As Frenéticas* falava em Teresinha em seu primeiro LP.

Programas e nomes famosos na música popular

ram para explicar em boa parte essa velada animosidade dos compositores: a existência de programas não musicais de grande audiência prejudicava a divulgação das músicas de canto, ou instrumental, em consequência da diminuição dos horários dedicados à música popular nas emissoras de rádio.

Assim, ao dar divulgação à letra do samba "Mais um episódio", em ampla reportagem de seu número de julho de 1943, a revista de assuntos de rádio *Vida Nova* tinha como título das duas páginas centrais dedicadas ao assunto: "A febre das novelas na sátira dos compositores musicais — Novelas para o café, para o almoço, para o jantar e para a ceia...".

Nessa reportagem reveladora, após lembrar que "as novelas surgiram como cogumelos pela estrada: *Em busca da felicidade...*, *A outra...*, *Primeiro amor...*, *Ódio...*, *O caso do Dr. Carrel...*, *Angústia...*, *Josefina vai à missa...*, *Seu Macedo já chegou...* e mil e duzentas e trinta variedades de títulos, cada um mais retumbante", a revista *Vida Nova* dava a conhecer, afinal, a verdadeira intenção da sátira musical às novelas:

> "Os cantores não gostaram da coisa. Não havia tempo para que eles lançassem, com a profusão que se fazia mister, as suas produções em primeira audição."

Segundo dá a entender ainda o texto da reportagem, embora nebulosamente, grupos de cantores e compositores chegaram a reunir-se para discutir o problema da crescente popularidade e conquista de novos horários por parte das novelas ("Foi então que houve a célebre reunião das quintas"), ficando resolvido num desses encontros, com a participação dos cantores Joel e Gaúcho e dos compositores e radialistas Luís Aiala, Braga Filho e Pedro Caetano, "que se lavrasse um protesto em música".

Esse samba de protesto contra a proliferação dos horários de novelas radiofônicas, composto por Braga Filho e Pedro Caetano, sob o título "Mais um episódio", dizia:

Mais um episódio emocionante
Da novela quilométrica
Eu ouço anunciar.
Mais uma tortura p'ros ouvidos
Do coitado que tem rádio
E não pode variar...
Ódio... Remorso... Covardia...
R-e-n-ú-n-c-i-a...
A-le-gria...
Estão sempre no cartaz.

A gente quer um samba quente
Ou uma valsa bem dolente
Mas não ouve mais... (*bis*)

Lá na minha casa, francamente,
A turma toda está doente...
Que epidemia!...
A minha tia não faz mais crochê,
A Margarida não faz o café!
Quando eu me aborreço e vou p'ra rua
Procurando me livrar dessa calamidade
Até os gatos me acompanham, coitadinhos,
Em busca da felicidade...[147]

O protesto musical, evidentemente, seria inócuo. As novelas, prendendo ao rádio um vasto público feminino, inclusive em determinados horários antes pouco valorizados — tais como as horas mortas da manhã e da tarde —, interessavam grandemen-

---

[147] Pedro Caetano e Braga Filho, "Mais um episódio" (samba), segundo publicação da letra na reportagem da revista *Vida Nova*, nº 371, de julho de 1943. O último verso — "em busca da felicidade" — é referência à novela que, sob esse título, fazia enorme sucesso na Rádio Nacional por aquela época.

Programas e nomes famosos na música popular

te aos patrocinadores de produtos de beleza e de uso doméstico, estimulando as emissoras a se dedicarem cada vez mais à expansão do setor de radioteatro.

Ainda uma vez, e com predominância na área da música de carnaval (o que se explica pelo caráter de atualidade tradicional de seus temas, principalmente no que se referia às marchinhas), os compositores ligados ao disco e ao rádio das décadas de 1950 e 1960, já na era da televisão, ficariam como os cronistas irônicos desse moderno capítulo das relações culturais urbanas, via radiodifusão e radiotelevisão.

E assim foi que, em 1953, seria ainda uma novela de rádio o ponto de partida para o lançamento de um samba que, usando o título da própria novela glosada, *O direito de nascer*, aproveitava a popularidade do seriado para uma condensação da história ultrarromântica de Albertinho Limonta:

> Deus me deu
> O direito de nascer
> Deus me deu o direito
> De viver
> Agora desejo saber
> Se eu posso ou não posso
> Gostar de você.[148]

O curioso é que, dez anos depois, quando a mesma história reeditou seu sucesso na televisão, seu aproveitamento como tema de música popular não ocorreria cercado de tanta sutileza. Desta vez, o que Brasinha e Blecaute, autores da marcha "O direito de nascer", desejavam era, embora em tom de humor e ironia, fazer os carnavalescos recordarem a velha história que todos conheciam:

---

[148] Albertina da Rocha e Arnô Canegal, "Direito de nascer" (samba), gravado por Jorge Veiga, disco Continental nº 16-618, 1952.

Ai, Dom Rafael,
Eu vi ali na esquina
O Albertinho Limonta
Beijando a Isabel Cristina.

A mamãe Dolores falou:
— Albertinho não me faça sofrer,
Dom Rafael vai dar a bronca
E vai ser contra o direito de nascer.[149]

Aliás, o mesmo aproveitamento seria dado ao tema por três outros compositores, ainda no mesmo ano, em marcha igualmente irônico-descritiva sob o título de "Dom Rafael":

A... a... á...
Ó... ó... ô...
A nossa novela acabou.
Ó... ó... ô...
A... a... á...
Que pena a novela acabar.

Sofreu Dom Rafael
Não teve coração
Seu sofrimento foi cruel
Coitada de Maria Helena
Pobre mulher e digna de pena
Seu pai não compreendeu
O direito de nascer.[150]

---

[149] Brasinha e Blecaute, "O direito de nascer" (marcha), gravada por Blecaute, disco Philips nº 632-778. Letra conforme publicação na revista *Vamos Cantar*, nº 178, 1966.

[150] Abílio Correia, Marcelino Ramos e Zé Louzada, "Dom Rafael" (marcha), "Gravação de Jim Castro", conforme indicação da revista *Vamos Cantar*, nº 174, de 1965, mas que não pudemos comprovar.

Programas e nomes famosos na música popular

A esta altura da década de 1960, com a televisão revelando-se, do ponto de vista artístico, apenas um rádio com imagem, as figuras e situações humorísticas focalizadas pelos compositores passariam a ser quase invariavelmente os dos programas da TV.

Assim, contra uma excelente e bem-humorada *charge* ao programa radiofônico mantido desde o início dos anos 1960 por Alziro Zarur (fundador da chamada Campanha da Boa Vontade), o xote intitulado "A sopinha do Zarur", só interessariam aos compositores de carnaval os temas da televisão.

De qualquer forma, com o xote "A sopinha do Zarur" a era do rádio como tema de música popular se encerrava, afinal, de maneira brilhante. É que, em sua sátira, os compositores Elias Soares e Luiz Wanderley souberam captar com o melhor humor o espírito algo demagógico que levava o velho pioneiro do rádio Alziro Zarur, vindo dos tempos do *Programa Casé*, a fornecer sopa aos pobres dentro da sua Campanha Radiofônica Filantrópica da Boa Vontade, depois transformada em partido político e base para seu lançamento como candidato à Presidência da República. Gravado pelo cantor-compositor-humorista Gordurinha em disco Chantecler, em 1960, a marcha dizia:

> Que sopinha boa,
> Não é, meu irmão?
> Tem vitamina, tem agrião...
> Eu todo o dia
> Venho de Nova Iguaçu
> Só pra comer
> A sopinha do Zarur
> Se não fosse ela
> Eu já estava no Caju.

De fato, a oportunidade da crítica ao uso do rádio como meio de conquista de adeptos "espirituais" só poderia ser comparada à que, quinze anos antes, os compositores Paquito e Romeu Gentil haviam feito ao locutor Júlio Louzada, criador da oração da Ave-Maria, logo imitada por centenas de rádios de todo o Brasil no horário das seis da tarde: a chamada "Hora do Ângelus". Júlio Louzada, que lia sua crônica no estilo untuoso dos sermões de púlpito, costumava focalizar os dramas (inclusive amorosos) contados em carta por seus ouvintes na esperança de obter como resposta algum conforto espiritual. E assim surgiu a interessante "Marcha do conselho":

> A mulher do meu maior amigo
> Me manda bilhete todo dia
> Desde que me viu
> Ficou apaixonada
> Que me aconselha, seu Júlio Louzada? (bis)
>
> Até no meu trabalho
> Já foi me procurar
> Preciso de um conselho
> Para me orientar
> No telefone me procura a toda hora
> E qualquer dia a patroa vai embora...[151]

A substituição dos assuntos do rádio pelos da televisão, no entanto, marcava na realidade o final desse ciclo temático. A música de carnaval, encarregada de veicular as sátiras e glosas dos compositores aos programas mais populares, estava com os dias contados, em consequência da substituição do carnaval de rua pelos espetáculos de desfiles de escolas de samba, cujos sambas de enredo passavam a constituir agora — ao lado dos velhos sucessos já conhecidos — a música carnavalesca oficial de cada ano. Antes que isso acontecesse, porém, a própria televisão chegou a fornecer músicas para o carnaval, como aconteceu em 1965 com a marcha "Rancho da Praça Onze", originalmente compos-

---

[151] Paquito e Romeu Gentil, "Marcha do conselho" (marcha), gravada por Roberto Paiva em disco Sinter n° 00173, para o carnaval de 1953.

Programas e nomes famosos na música popular

ta por João Roberto Kelly em parceria com Chico Anísio para seu musical *Praça Onze*, da extinta TV Excelsior do Rio. E episodicamente expressões como a do coronel nordestino vivido por Chico Anísio na televisão — "Isso me ama!..." — ainda viravam samba para o carnaval, como aconteceria em 1963:

> Isso me ama,
> Tenho certeza,
> Vem cá minha Maria Tereza!
>
> Alguém já falou
> Que ninguém é de ninguém
> Mas a verdade tá
> Com *Chico Anísio Show*:
> Alguém me ama,
> Eu sou alguém.[152]

Ou, ainda, como no caso do programa *Casamento na TV*, lançado pela TV Globo do Rio de Janeiro em 1967, e que desencadearia uma verdadeira onda de músicas aproveitando o tema no carnaval de 1968. De fato, em nota ao pé da página em que publicava a letra de uma marcha "Casamento na TV", de Dora Lopes, José Batista e Linda Rodrigues (e que seria gravada pelo próprio Raul Longras), a revista *O Samba* revelava, em seu número 91:

> "*Casamento na TV* é o programa que proporcionou as maiores inspirações a compositores. De 130 composições apresentadas espontaneamente, três foram gravadas para este carnaval com o tema 'Casamento na TV', o que vem consagrar o programa líder

---

[152] Rossini Pacheco e Henrique Ceccopieri, "Isso me ama" (samba), "Gravação de Hugo Brando", segundo informação da revista *Vamos Cantar*, nº 143, de 1963, que publica a letra conforme transcrita.

da TV no horário de 18h30 aos domingos, comandado pelo insuperável Raul Longras."

Quanto à letra da marcha "Casamento na TV", interpretada pelo casamenteiro da televisão Raul Longras — então no auge
da popularidade no Rio de Janeiro —, nada mais fazia do que,
ainda uma vez, reproduzir com intenção de humor o que acontecia no programa destinado a expor ao público, com inegável
sadismo e falta de respeito humano, a necessidade de afeto e de
segurança de pobres representantes do povo entregues à solidão
na grande cidade:

> Eu só tenho um pensamento
> É ir ao Raul Longras
> Pra fazer meu casamento.
>
> Pode ser feia
> Que eu não dou bola
> Feia ou bonita
> Eu caso mesmo na hora
> E ninguém mais fica pra titia
> Casamento na TV
> É da noite para o dia.[153]

Assim, a partir da década de 1970, com o quase desaparecimento da música composta expressamente para o carnaval — o
que vinha excluir o aproveitamento de temas da atualidade, uma
vez que a música dos desfiles de escolas de samba, erigida em
gênero carnavalesco exclusivo, obedece sempre ao tema do enredo —, a música popular deixa de refletir a ligação de certa ma-

---

[153] Dora Lopes, José Batista e Linda Rodrigues, "Casamento na TV"
(marcha), gravada por Raul Longras em disco que desconhecemos. Letra
conforme publicação na revista *O Samba*, nº 91, de 1968.

Programas e nomes famosos na música popular   207

neira afetiva entre rádio e televisão e seu público mais constante, que era o das camadas populares dos grandes centros urbanos.

O mais notável, porém, é que, enquanto serviu como sugestão temática, o rádio inspirou canções que chegaram a antecipar, de maneira sociologicamente implícita nos versos dos compositores, o verdadeiro motivo do fim da era do *rádio-fetiche*. Na verdade, deixando de ser o veículo de meios de lazer destinados às camadas mais pobres, para dirigir suas mensagens, desde fins da década de 1950, a um público de melhor poder aquisitivo (vide o capítulo 8 deste livro, "A reação (elitista) aos auditórios"), o rádio entra de certa maneira em conflito com seu público tradicional. Na música popular, inspirada em temas do rádio, esse divórcio ficaria comprovado na série de músicas que passavam a depreciativamente denominar as fãs de *fanzocas*, ou de *macacas de auditório*, o que era ainda mais odioso, por encobrir preconceito de cor.

Como que para comprovar o fundo preconceito de classe das novas gerações de compositores e cronistas responsáveis pelas ironias às jovens filhas do povo frequentadoras dos auditórios, o criador da expressão "macaca de auditório" seria um jornalista, Nestor de Holanda, e o autor da música que popularizou definitivamente a palavra depreciativa "fanzoca" seria um publicitário, Miguel Gustavo.

Em seu livro *Memórias do Café Nice*, publicado em 1969, o jornalista e compositor Nestor de Holanda seria o primeiro a reivindicar, com evidente ar de orgulho, a criação da expressão "macaca de auditório", ao recordar:

> "Eladir Porto, cantora de tangos, concedeu entrevista ao *Diário da Noite*, logo depois do suicídio de Getúlio Vargas, atacando Vítor Costa. Sempre fora getulista, mas mudara de opinião. Como defendi meu saudoso amigo, atacou-me também, através de reportagens com as fanzocas que a seguiam. Respondi, como de hábito. E, em meus comentários, passei a usar

desde então a designação de 'macacas' para as desocupadas dos auditórios que viviam atrás dos cantores aos gritos. O apelido deu certo. Popularizou-se. Acabou dicionarizado. É uma autoria da qual não abro mão..."[154]

A referência às "macacas" obedecia à suposta semelhança física e de gestos e atitudes das moças frequentadoras de programas de auditório — em grande parte jovens negras e mestiças pobres dos subúrbios — que se entregavam ingenuamente a demonstrações de entusiasmo quase histérico por seus ídolos, gritando, pulando, acenando lenços e exibindo faixas. Exatamente, por sinal, como viria a fazer dez anos depois o público de moças brancas da classe média que passou a lotar os auditórios dos festivais de música popular promovidos pela televisão na década de 1960.

Quem, no entanto, estava destinado a revelar — sem essa intenção, é claro — o sentido de preconceito de classe e a atitude elitista dessa ojeriza pelas frequentadoras de programas de rádio seria o sempre risonho e satírico compositor Miguel Gustavo. Especialista em *jingles* — inclusive para campanhas políticas de tendências as mais diversas, pois foi autor de músicas para João Goulart ("É Jango/ É Jango/ É o Jango Goulart") e para o Movimento de 1964 ("Pra frente, Brasil", "Imposto chegou") —, Miguel Gustavo punha a nu, na segunda parte de sua marchinha "Fanzoca de rádio", em 1958, a verdadeira razão do ódio aos auditórios: é que o público de negras e mestiças dos auditórios constituía o mercado potencial das empregadas domésticas que as famílias da classe média começavam a ter dificuldade em contratar a preço vil para suas cozinhas. De fato, dizia Miguel Gustavo em sua marcha ideologicamente pequeno-burguesa:

---

[154] Nestor de Holanda, *Memórias do Café Nice: subterrâneos da música popular e da vida boêmia do Rio de Janeiro*, Rio de Janeiro, Conquista, 1969, p. 231.

Programas e nomes famosos na música popular

Ela é fã da Emilinha
Não sai do César de Alencar
Grita o nome do Cauby
E depois de desmaiar
Pega a *Revista do Rádio*
E começa a se abanar...

É uma faixa aqui,
Outra faixa ali,
O dia inteirinho ela não faz nada
E enquanto isso, na minha casa,
Ninguém arranja uma empregada...[155]

A gravação em disco, tal como se apresentava na interpretação do palhaço Carequinha, incluía gritos histéricos em meio ao coro, e, na repetição da segunda parte, o rancor de classe do autor voltava a insinuar-se nos versos:

Pega a *Revista do Rádio*
E começa a soletrar,
É uma letra aqui, outra letra ali...

Ora, isso valia por uma "acusação" de semianalfabetismo contra gente cuja falta de educação escolar deveria ser creditada, na verdade, à própria elite branca da qual o compositor fazia parte.

Como se, na realidade, se tratasse de uma discussão em nível sociológico, entretanto, a tese pequeno-burguesa de Miguel Gustavo não ficou sem resposta musical. No carnaval do ano seguinte, 1959, o cantor Roberto Paiva apareceu cantando a marcha "Resposta da Fanzoca", em que seus autores, Miguel Lima

---

[155] Miguel Gustavo, "Fanzoca de rádio" (marcha), gravada pelo palhaço Carequinha em disco Copacabana nº 5-845-A, com acompanhamento de Altamiro Carrilho e Seus Carnavalescos, para o carnaval de 1958.

e Gil Lima, não apenas contestavam o autor de "Fanzoca de rádio", mas punham em relevo os motivos econômicos de classe que haviam levado à tentativa de ridicularizar as moças do povo:

Chamaram a fanzoca de macaca
Eu sei que ela não gostou
A Rosa ficou nervosa e bronqueou
Macaca é o gaiato que chamou.

Esta é a história da fanzoca
Que responde a esta gente
Mascarada:
Quem procura empregada em auditório
Está provando que também não é de nada.[156]

Focalizar as fanzocas dos programas de auditório na música de carnaval, afinal, estava na moda, e quando Emilinha Borba gravou em 1963 a marcha "Pó de mico", que dizia:

Vem cá seu guarda
Bota pra fora esse moço
Que está no salão brincando
Com pó de mico no bolso.
Foi ele, foi ele sim,
Foi ele que jogou o pó em mim. (*bis*),[157]

o simples fato de a cantora responsável pelo sucesso da música estar ligada à ideia de fã-clube e público de auditório levou os

---

[156] Miguel Lima e Gil Lima, "Resposta da Fanzoca" (marcha), gravada por Roberto Paiva em disco que não conseguimos identificar. A letra está reproduzida conforme publicada em *A Modinha Popular*, nº 112, 1959.

[157] Dora Lopes, Renato Araújo e Nilo Viana, "Pó de mico" (marcha), gravada por Emilinha Borba, em disco CBS nº 3-234, para o carnaval de 1963.

compositores Augusto Messias, Daltro e Zarani a criarem uma "resposta" sob o título "Marcha da fanzoca". O folião que brincava atirando pó de mico no baile de salão seria um fã rival, que, descoberto e preso ante o clamor das fanzocas de Emilinha, agora se defendia dizendo:

> O guarda me levou ao comissário
> Meu depoimento foi assim:
> "Fofoca das fanzocas da Emilinha
> Que disseram
> 'Prende o moço que jogou o pó em mim'".[158]

A grande polêmica musical envolvendo o público dos auditórios terminaria em meados da década de 1960, e não poderia mais ser reproduzida. A onda de nostalgia promovida pela indústria internacional durante a década de 1970 tentaria ainda reviver velhas imagens, e as sucessivas reprises do filme *Alô, alô carnaval*, de 1935, chegaram a inspirar a formação de um conjunto intitulado Os Cantores do Rádio (que em seu primeiro LP, de 1974, tentava relançar a marcha "Cantores de rádio", de Alberto Ribeiro, João de Barro e Lamartine Babo, "modernizada") e a levar Maurício Tapajós e Hermínio Bello de Carvalho a compor em 1975 uma marcha intitulada "Rainha do rádio", gravada pelo Quarteto em Cy. O conjunto, porém, não pegou, e a marchinha se revelava já agora apenas uma paródia com segundas intenções políticas, lembrando o tempo feliz em que era permitido brandir faixas e votar livremente... para Rainha do Rádio.

Tudo isso era sintomático: na verdade, o tempo dos fã-clubes e dos grandes ídolos do rádio tinha passado. E tanto isso era verdade que, em 1977, quando os empresários teatrais se lem-

---

[158] Augusto Messias, Daltro e Zarani, "Marcha da fanzoca" (marcha), "Gravação Nair de Queiroz", segundo informação da revista *Vamos Cantar*, nº 154, em sua edição de carnaval de 1964, de onde reproduzimos a letra. Gravação em disco RCA Camden nº 4-013-A, de 1964.

braram de reviver a velha rivalidade entre Marlene e Emilinha em espetáculos de intenção popular, no Teatro João Caetano, no Rio de Janeiro, tudo o que conseguiram, além de uma série de entrevistas e reportagens nostálgicas na imprensa sobre o tempo dos fã-clubes, foi reabrir uma pequena polêmica em torno do valor artístico das cantoras, mas através da "Seção de Cartas" do *Jornal do Brasil*.

A PRESENÇA DA TELEVISÃO

12.
O APARECIMENTO DA TV:
O POVO FORA DO AR

O aparecimento da televisão em 1950, no Brasil, marca o início da ruptura definitiva entre a produção de cultura a nível popular e a capacidade de divulgá-la aproveitando os meios cada vez mais sofisticados da tecnologia da comunicação.

Na verdade, enquanto o rádio, em sua primeira fase, permitia aos curiosos construir seus próprios aparelhos receptores, chegando a haver até casos de emissoras clandestinas (como a Rádio Suburbana, que funcionou em 1928 em sobrado fronteiro à estação da Central do Brasil no subúrbio carioca de Ramos),[159] tudo na televisão conduzia a uma dificuldade tecnológica e uma expectativa de ascensão econômico-social por parte dos telespectadores destinada a afastar progressivamente dos vídeos a representatividade popular.

Do ponto de vista da música popular isso significaria que, tal como acontecera com o rádio, quando a crescente publicidade de bens industriais obrigou a uma seleção mais rigorosa das faixas de ouvintes, só viriam a ser admitidos diante das câmeras de televisão os artistas e estilos musicais cultural e ideologicamente mais de acordo com o tipo de público potencialmente comprador dos sofisticados artigos veiculados através dos caríssimos comerciais dos intervalos.

Essa seleção não se fez de imediato, é verdade, mas seria definitivamente estabelecida a partir de 1960, quando o apare-

---

[159] Informação de Almirante no capítulo "O rádio e as galenas: as cinco estações do ano", de seu livro *No tempo de Noel Rosa*, 2ª ed., Rio de Janeiro, Livraria Francisco Alves Editora, 1977, p. 66.

cimento do videoteipe reforçou a participação dos filmes cinematográficos na estruturação básica das programações das televisões, fazendo predominar os chamados "enlatados", ou seja, os documentários — científicos, turísticos, educativos, de propaganda ideológica —, os seriados, os *shows*, etc., todos produzidos no estrangeiro.

Essa característica desnacionalizante da televisão se fez sentir a partir da própria trajetória histórica dessa moderna conquista científica no Brasil. De fato, enquanto as histórias do rádio, e mesmo do cinema, se revelavam ricas tentativas e experiências técnicas nacionais, desde fins do século XIX, a televisão só encontraria, até sua implantação, em 1950, um cientista curioso da sua pesquisa no Brasil: o já conhecido pioneiro da radiodifusão, professor Roquette-Pinto; e assim mesmo ao nível de simples reprodução de experimentos realizados desde o século anterior na Europa.

Segundo depoimento do radialista e pesquisador da música popular Henrique Domingues Foreis, o Almirante, em 1922 — pela mesma época em que começou a se interessar por radioeletricidade sob a orientação do professor Henrique Morize —, Roquette-Pinto teve conhecimento do disco de Nipkow, que permitia transformar variações de luz e sombra em impulsos elétricos, e com ele chegou a realizar algumas experiências de transmissão de imagens por fio, de uma sala para outra. Bastava a visão do primitivo disco de metal com furos dispostos em espiral, mandado fabricar por Roquette-Pinto numa metalúrgica carioca qualquer, para se compreender que as experiências do professor brasileiro estariam muito distantes de pesquisas como as do professor russo Zworykin, que naquele mesmo momento inventava nos Estados Unidos o que viria a ser o olho eletrônico da televisão, patenteando-o em 1923 com o nome de *iconoscópio*.[160]

---

[160] Almirante, que em depoimento pessoal ao autor deste livro referiu-se às experiências de Roquette-Pinto no campo da transmissão elétrica de

De fato — e a menos que qualquer informação até hoje ignorada venha a surgir como uma revelação — foi preciso esperar mais de quinze anos após os ensaios de curiosidade do professor Roquette-Pinto até que se pudesse assistir à nova experiência com televisão no Brasil. Quando isso se deu, no primeiro sábado de junho de 1939, no recinto da Feira de Amostras do Rio de Janeiro, porém, a participação dos brasileiros limitava-se à presença de um grupo de artistas convocados para aparecer sob os refletores. E isto porque, embora a apresentação tivesse o patrocínio do Departamento Nacional de Propaganda e contasse com a presença do próprio Presidente da República, Getúlio Vargas, e do Ministro da Justiça, os aparelhos tinham sido montados pela Telefunken, e o responsável pela experiência era o Diretor dos Correios e Telégrafos da Alemanha, Hans Pressler.

Hoje, mais de quarenta anos passados dessa primeira demonstração prática de televisionamento — que, a partir do domingo, permitiu aos cariocas assistir em dez aparelhos instalados na Feira de Amostras "a transmissão da imagem dos mais prestigiosos *astros* do nosso *broadcasting*" —, basta reproduzir o texto com que a revista *Carioca* noticiou o fato para se comprovar a falta de informações e ingenuidade que os próprios jornalistas do tempo demonstravam sobre o que lhes estava sendo dado ver. Sob o título "A primeira experiência de televisão no Brasil", assim escrevia o repórter da *Carioca*, após o subtítulo "O complicado mecanismo da transmissão de imagens":

> "Como é feita a transmissão de imagens? Temos, inicialmente, um cenário de fundo branco, sobre o qual vários refletores apontam seus jatos de luz fortíssima. Em frente a esse painel, cuja claridade ofusca a vista, fica o microfone. Tudo o que se passar diante

---

imagens, conserva em seu poder o disco de metal usado pelo pioneiro brasileiro da radiodifusão.

O aparecimento da TV: o povo fora do ar

dessa peça é focalizado para um aparelho semelhante a uma câmera fotográfica de grandes proporções. E, dessa máquina, parte um grosso cabo que vai desaparecer por trás de um enorme quadro repleto de instrumentos de controle. Em outra ala da Feira de Amostras bem distante desse conjunto, acham-se os aparelhos receptores, muito parecidos com uma eletrola. Apenas, no lugar do disco, há um pequeno quadro de vidro fosco, que, levantada a tampa do móvel, é reproduzido no seu fundo de espelho. É nesse painel que aparece a imagem do artista, enquanto a sua voz reproduz-se pela forma comum, já conhecida de todos. E a reprodução de tudo quanto se desenrola no *studio*, comandado pelo primeiro conjunto, apresenta-se extraordinariamente fiel.

As imagens são apanhadas pela máquina fotográfica e a voz pelo microfone. E voz e imagem correm, então, através de um grosso cabo até os dispositivos amplificadores e moduladores, sendo lançadas, em seguida, por meio de processos especiais, ao alcance dos receptores de televisão. O alcance, porém, dessa dupla transmissão é bem mais curto do que o da radiofonia comum, pois a televisão só pode ser executada dentro da distância máxima de setenta quilômetros."[161]

Igualmente deslumbrado com "o último e mais moderno produto do gênio inventivo do homem", o tabloide especializado *Cine-Rádio-Jornal*, de Celestino Silveira, seria, entretanto, um pouco mais preciso na descrição técnica da televisão, esclarecendo ser a câmera provida de um "obturador de Nipkow, que decompõe a imagem luminosa em milhões de pontos", os quais, depois de passarem por uma célula fotoelétrica, onde se trans-

---

[161] Reportagem "A primeira experiência de televisão no Brasil", revista *Carioca*, n° 190, 10 jun. 1939.

formavam em corrente elétrica, chegavam por meio de cabos à válvula de Braun dos receptores, encarregada de novamente transformar os impulsos elétricos em pontos luminosos, alinhando-os "sobre uma placa luminosa, que figura como a tela da televisão".[162]

E era após essa explicação, ao passar para o subtítulo "Como se processa a televisão na Feira de Amostras", que *Cine-Rádio-Jornal* traçava um movimentado quadro do ambiente em que acontecera a demonstração:

> "No primeiro pavilhão à esquerda da entrada da Feira de Amostras foram instalados os aparelhos Telefunken, de fabricação alemã, para o televisionamento das imagens. Num dos extremos desse pavilhão foi colocado um palco, sobre o qual convergem inúmeros e poderosos refletores. Desse palco é que os artistas cantam. Do outro lado, na obscuridade, estão os aparelhos receptores — dez ao todo — onde as imagens são refletidas nas respectivas placas fluorescentes, distinguindo-se com perfeita nitidez as feições e os menores movimentos dos cantores."[163]

Tal como viria a acontecer pouco mais de dez anos depois, quando da implantação definitiva da televisão no Brasil, seria o rádio quem se encarregaria de fornecer infraestrutura artística para as experiências com o novo meio de comunicação, destinado a influir tanto, aliás, no desenvolvimento do próprio rádio. E ao registrar esse fato, a reportagem de *Cine-Rádio-Jornal* fornecia para a história os nomes dos primeiros artistas populares brasileiros a aparecer diante das câmeras da televisão:

---

[162] Reportagem "O sonho de um século: a televisão!", *Cine-Rádio-Jornal*, nº 46, 15 jun. 1939.

[163] *Id., ibid.*

O aparecimento da TV: o povo fora do ar

"Aliás, para essas transmissões, o DNP [Departamento Nacional de Propaganda] contratou diversas figuras do nosso *broadcasting* e pelo palco da televisão desfilaram as Irmãs Pagãs, o conjunto regional de Benedito Lacerda, a dupla Preto e Branco [Nilo Chagas e Herivelto Martins], Josephine Baker e Marília Batista."[164]

Mais atenta do que *Cine-Rádio-Jornal* no que se referia à parte do espetáculo apresentado como abertura da série de demonstrações de televisionamento da Telefunken e do governo alemão (a esta altura de 1939 muito interessado em captar as simpatias do ditador brasileiro Getúlio Vargas, criador do Estado Novo de 1937), a revista *Carioca* fornecia um quadro bem mais vivo do espetáculo pioneiro de TV na Feira de Amostras:

"Os aparelhos foram ligados e começou o desfile dos *astros*. As Irmãs Pagãs, acompanhadas pelo conjunto regional de Benedito Lacerda [então formado pelo próprio Benedito Lacerda na flauta, Jaime Florence, o Meira, e Orondino Silva, o Dino, aos violões, Waldomiro Tramontano, o Canhoto, ao cavaquinho, e no ritmo Popey do Pandeiro], interpretaram um samba. Foi excelente a transmissão da imagem das conhecidas *estrelas* do rádio carioca. E, depois, Francisco Alves e o Trio de Ouro composto de Dalva de Oliveira e a velha dupla Preto e Branco, enfrentaram [sic] o aparelho transmissor. Registrou-se o mesmo êxito. Um sucesso absoluto.

O presidente Getúlio Vargas, que ouviu com o maior interesse as explicações dos técnicos, resolveu, então, fazer uma experiência pessoal. Entrou em uma

---

[164] *Id., ibid.*

Primeira demonstração pública de imagens geradas e reproduzidas pelo sistema da televisão no Brasil: a cantora que aparece no vídeo na demonstração realizada pela empresa alemã Telefunken na Feira de Amostras do Rio de Janeiro, em junho de 1939, é Marília Batista. Foto publicada no tabloide *Cine-Rádio-Jornal*, do Rio de Janeiro, de 15 de junho de 1939.

cabine, enquanto, em uma outra, bem distante, instalava-se o ministro Francisco Campos. E, dentro em pouco, os televisores reproduziam as imagens do chefe da Nação e do titular da pasta da Justiça. Ambos sorriam ante aquela prova prática, que numerosa assistência, do lado de fora, assistira curiosa."[165]

Encerrada a série de apresentações da Telefunken na Feira de Amostras, o início da Segunda Guerra Mundial, em setembro daquele mesmo ano de 1939, ia fazer com que a novidade representada pela televisão fosse praticamente esquecida durante anos, não apenas no Brasil, mas pelo público de todo o mundo. Os especialistas em eletrônica dos países mais desenvolvidos, no entanto, estimulados por verbas da indústria de guerra, continuavam a trabalhar em seus laboratórios, e em março de 1940 os norte-americanos já podiam inteirar-se do resultado das eleições presidenciais através de um programa de televisão da RCA-NBC. Tudo numa sucessão tão rápida de conquistas tecnológicas que, em fevereiro de 1941, a NBC voltava a assombrar os norte-americanos com uma transmissão de imagens móveis a cores, superando assim os técnicos da RCA, que, exatamente um ano antes, haviam conseguido fixar no vídeo uma imagem a cores, mas parada.[166]

Terminada a guerra em 1945, as grandes empresas internacionais do campo das comunicações voltaram a movimentar-se e, em 1948, nova demonstração de televisionamento viria a ocorrer, ainda no Rio de Janeiro.

---

[165] Reportagem "A primeira experiência de televisão no Brasil", *cit.*

[166] Informação de John J. Floherty, *História da televisão*, Rio de Janeiro, Letras e Artes, 1964, livro distribuído graciosamente pela Embaixada dos Estados Unidos, no Rio de Janeiro, em coincidência com os estudos, pelo Brasil, da viabilidade dos três sistemas de TV a cores então existentes, e que culminariam, afinal, na escolha do sistema PAL, da Telefunken alemã, adaptado ao padrão de transmissão M, de 525 linhas por 50 campos.

As informações sobre esta segunda experiência com a televisão no Brasil, realizada no palco-auditório da Rádio Nacional, são ainda mais deficientes do que sobre a primeira. E, o que é pior, contraditórias. Segundo o livro comemorativo dos 20 anos da Rádio Nacional, editado em 1956, a demonstração teria ocorrido "quase dez anos antes", o que já indica imprecisão por parte do redator encarregado de sumariar a história da emissora:

> "Mas vale a pena salientar que foi a Rádio Nacional quem primeiro realizou a experiência de televisão na América do Sul, há quase dez anos, quando transmitiu diretamente de seus estúdios o programa *Rua 42*, produzido por Max Nunes e animado por Manoel Barcelos."[167]

Além do erro de atribuir a essa demonstração de fins da década de 1940 a primazia no televisionamento de espetáculo com artistas de rádio no Brasil, a informação do redator se revela ainda incompleta e em choque com a de um contemporâneo e testemunha do acontecimento, o veterano radialista Renato Murce, que em seu livro de memórias *Bastidores do rádio*, embora também vacilante e contraditório na fixação da data, refere-se à experiência com maiores detalhes:

> "Um fato que ninguém sabe ou do qual apenas muito poucos se lembram (bastante curioso, muita gente pode pensar que estamos fantasiando): a primeira experiência de TV, no Brasil, um ou dois anos antes da instalação da TV Tupi, foi feita nos estúdios da Rádio Nacional. Como? Indagarão os mais céticos.

---

[167] *Rádio Nacional: 20 anos de liderança a serviço do Brasil (1936-1956)*, editado em setembro de 1956 pela Superintendência das Empresas Incorporadas ao Patrimônio Nacional, em comemoração ao vigésimo aniversário da emissora.

Certa vez, no começo da década de 1950 [engano evidente, pois a TV Tupi de São Paulo foi inaugurada em 19 de setembro de 1950, e a TV Tupi do Rio em 20 de janeiro de 1951], estávamos nos preparando (domingo à noite) para a transmissão dos nossos programas. Vimos o auditório e o respectivo palco serem invadidos por uma porção de máquinas, cabos, refletores, etc. Pensamos, primeiro, que fosse uma filmagem da Atlântida, mas não. Uma empresa francesa, cujo nome ignoro, tentava vender uma estação transmissora de TV à Rádio Nacional. Aquele dia, o Vítor Costa marcara para o devido teste. Mas testar como? Ninguém sabia de nada. Nem nós mesmos. Ninguém tinha aparelho receptor. Como ia ser? A tal empresa providenciara tudo: instalara dois aparelhos receptores na cidade — um na antiga casa A Exposição, na Avenida Rio Branco esquina de São José; outro, numa óptica que ficava em frente.

Foi quando os locutores receberam a ordem de anunciar a sensacional experiência. Quem quisesse assisti-la que se dirigisse para aqueles lugares. Juntou uma verdadeira multidão ante os receptores. A experiência foi feita. O primeiro programa a ser televisionado foi o *Nada além de dois minutos*, do Paulo Roberto. Seguiu-se o *Papel carbono* do próprio Renato Murce. Mas a coisa não colou.

Os que foram assistir não viram quase nada, as imagens muito brancas, tudo muito confuso. Assim, a Rádio Nacional não fez o negócio. Já parecia até uma profecia: jamais teríamos esse moderníssimo meio de comunicação."[168]

---

[168] Renato Murce, *Bastidores do rádio: fragmentos do rádio de ontem e de hoje*, Rio de Janeiro, Imago, 1976, pp. 86-7. Em seu livro *Arrelia e o*

Os enganos ou omissões, no entanto, não diminuíram a importância dessas duas fontes de informação em dois pontos: a tentativa de vender aos brasileiros a novidade industrial da televisão, num pacote tecnológico pronto, partia de uma empresa internacional (no caso francesa), e na hora de efetivar a demonstração, ainda uma vez era no rádio — e, agora, inclusive, em seu próprio ambiente, o palco da Rádio Nacional — que os interessados em demonstrar as possibilidades da sua mercadoria iam buscar o elemento artístico indispensável.

A recusa da direção da Rádio Nacional em aceitar a televisão, porém, não se devia à possível má qualidade das "imagens muito brancas". Desde 1936, quando de sua fundação, seus dirigentes, donos também do jornal *A Noite*, admitiam em artigo publicado na edição das 15 horas de 26 de setembro daquele ano — duas semanas, portanto, após a inauguração da própria emissora — que tudo indicava pelo sucesso da TV na Inglaterra "um futuro próximo brilhante para o sucedâneo do rádio".

Isto quer dizer que, com seus programas montados, seus musicais à base de grandes orquestras, suas atrações de auditório e suas novelas, os dirigentes da Rádio Nacional viam na televisão apenas o rádio transformado em imagens. E pelo que os índices de audiência da então maior emissora do país indicavam — cerca de 50% em média no Rio, e penetração quase igual em muitas cidades do Brasil —, não era ainda tempo de mobilizar capitais de grande monta para criação de um "sucedâneo", quando para obtenção de tão bons resultados bastava o simples fascínio dos seus astros.

---

circo (São Paulo, Melhoramentos, 1977), Waldemar Seyssel, o palhaço Arrelia, refere-se a outra "primeira exibição de TV no Brasil", provavelmente ocorrida pelos mesmos fins da década de 1940, com a aparelhagem montada no Clube de Engenharia de São Paulo e transmissão feita sob a forma de *show* em palco armado no Hospital das Clínicas. Arrelia fala de técnicos norte-americanos e presume ter sido a demonstração realizada pela GE (General Electric).

O aparecimento da TV: o povo fora do ar

Tal como os franceses que procuravam vender seu equipamento à Rádio Nacional, entretanto, os norte-americanos também sabiam que a economia de mercado e o processo de urbanização brasileiros haviam alcançado o ponto certo para o início da exploração rentável do mais recente meio de comunicação gerado pela era da eletrônica. E, assim, menos de um ano depois dessa tentativa frustrada de os técnicos franceses venderem a ideia da televisão à Rádio Nacional, um grupo de representantes da empresa norte-americana RCA encontrou melhor receptividade por parte de um empresário brasileiro ligado à exploração conjunta de rádios, jornais e revistas: o esperto e só aparentemente visionário jornalista Assis Chateaubriand.

Foi durante um almoço em 1948 com altos funcionários da Radio Corporation of America que o proprietário da cadeia de radiodifusão e imprensa denominada Diários Associados tomou conhecimento de alguns dados objetivos que o levaram a empreender a "aventura" da instalação da televisão no Brasil. Entre o prato principal e a sobremesa, os norte-americanos mostraram sem grande dificuldade a Assis Chateaubriand, citando a própria experiência americana, que a concentração capitalista também se operava na área da informação e do lazer, e nenhum grande proprietário de empresas de rádio e jornalismo seria dono de uma boa fatia do mercado sem incluir em sua cadeia de empresas o novo tipo de instrumento de veiculação de anúncios, informações e entretenimento que era a televisão.

Findo o almoço, Assis Chateaubriand tinha comprado a ideia da televisão. O próximo passo seria o do levantamento de capital para o empreendimento de vulto realmente assustador, consideradas as condições brasileiras. E isso Chateaubriand conseguiu com um apelo em seu melhor estilo a grandes empresários com interesse no Brasil, obtendo desde logo o apoio do Moinho Santista, da Companhia Sul-América de Seguros Marítimos, Aéreos e Terrestres, da Laminação Nacional de Metais e da Companhia Antarctica. E, assim, menos de dois anos depois, em janeiro de 1950, chegava ao porto de Santos pelo cargueiro *Mor-*

macyork, acondicionados em 210 volumes e caixotes, o carregamento da primeira emissora de televisão brasileira, a TV Tupi de São Paulo.

Desde o simples transporte do material de Santos até São Paulo, subindo a Serra do Mar numa caravana de caminhões, até a inauguração da PRF-3, TV Tupi Difusora Canal 3, de São Paulo, às 17 horas do dia 18 de setembro de 1950, o clima foi de festa, com alguns toques de drama e de comédia.

Para começar, os caminhões carregados partiram de Santos ostentando faixas que anunciavam o advento da televisão no Brasil e atraindo o povo que acorria às calçadas como à passagem de uma trupe de circo. E quando o trabalho de montagem começou em São Paulo, em fins de março de 1950, Assis Chateaubriand prometeu em comunicado divulgado com sensacionalismo por todas as rádios e jornais das Associadas que as primeiras imagens seriam geradas pela TV Tupi ainda naquele ano. De fato, em sua edição de sábado, dia 10 de junho de 1950, o *Diário de São Paulo* publicava a foto da mesa de controle já instalada, enquanto outras notícias faziam saber que Frei José Francisco de Guadalupe Mojica, o ex-famoso ator de cinema e cantor mexicano José Mojica, há anos retirado a um convento, viria ao Brasil para cantar na estreia da televisão, com garantia de cobertura através da rede de 25 emissoras de rádio de Chateaubriand.

Antes que Frei Mojica pudesse tornar-se a primeira vedeta internacional a se apresentar na televisão brasileira, porém, uma série de incidentes de bastidores viria mostrar até que ponto o novo instrumento de comunicação entrava em conflito com a realidade fundamentalmente subdesenvolvida do país que procurava queimar etapas para ser dos primeiros a entronizar o fetiche eletrônico. Neste sentido, vale a pena lembrar como, em sua edição de 18 de setembro de 1975, o jornal *Diário de São Paulo* recordava, através do estilo emocionado de um de seus redatores, o clima da inauguração da televisão, 25 anos antes:

O aparecimento da TV: o povo fora do ar

"São 17 horas do dia 18 de setembro de 1950. O locutor Homero Silva acaba de anunciar a milhares de pessoas espalhadas no *hall* do Edifício Guilherme Guinle, dos Diários Associados, em frente das casas de comércio da cidade e dos estúdios da 'Cidade do Rádio', da Rádio Tupi, o primeiro programa da televisão brasileira.

Lá estão o governador, o prefeito, generais, bispos, deputados, vereadores. Lá está Assis Chateaubriand, assistindo, em silêncio, à TV que fez e conseguiu.

Os estúdios do Alto do Sumaré, ainda cheirando a novo, tinta semifresca, equipamentos ultramodernos recebem um público enorme. Dom Paulo Rolim Loureiro faz a bênção, molhando de água benta a câmera que televisiona."[169]

Aqui entrava a parte engraçada que, em seguida, daria lugar a uma pequena tragédia de bastidores, e à qual não faltaria inclusive um mártir na pessoa de um artesão brasileiro especialista não em eletrônica, mas em carpintaria.

Segundo se conta, em versão jamais comprovada, a água benta aspergida por Dom Paulo durante a bênção inaugural teria sido a responsável pelo enguiço de uma das três únicas câmeras disponíveis para as tomadas de cena da solenidade e do espetáculo programado para estreia oficial da TV no Brasil.[170] O fato é que, verificada a impossibilidade de uso do aparelho, criou-se um impasse técnico pois, de acordo com o planejado, duas câ-

---

[169] Reportagem retrospectiva "TV Tupi, 25 anos, do tamanho do Brasil", *Diário de São Paulo*, 18 set. 1975.

[170] Circulou também a versão anedótica de que o desmantelo da câmera se devera ao fato de Assis Chateaubriand ter arrebentado uma garrafa de champanha sobre o delicado aparelho eletrônico, enquanto anunciava, solenemente: "Está inaugurada a televisão no Brasil".

Programa de calouros do animador Homero Silva na TV Tupi de São Paulo, no início da década de 1950: era o rádio filmado. Foto do repórter-fotográfico Nicolau Leite, para a publicidade da PRF-3, TV Tupi de São Paulo, Canal 3.

meras televisionariam o espetáculo montado com cenários no estúdio, enquanto a terceira focalizaria o apresentador Homero Silva e suas ajudantes, funcionando como apoio durante as trocas de cenário.

A acreditar no que afirmaria depois o noticiário de imprensa, o engenheiro norte-americano, diante da balbúrdia que se estabeleceu no momento, considerou a inauguração impossível, e retirou-se para o hotel. E foi então que, segundo a colorida descrição do pesquisador paulistano da história da TV José Silveira Raoul, em seu artigo "O desenvolvimento da televisão no Brasil", aconteceu a reviravolta que viria demonstrar a capacidade de improvisação dos profissionais brasileiros:

"Contudo, alguém sugeriu prosseguir com apenas as duas câmeras do estúdio principal. Para tanto, o de apoio seria desmontado e transferido para um canto do primeiro. Consultados os responsáveis por cada setor, a concordância foi unânime, apesar das dificuldades que poderiam surgir. Uma delas dizia respeito à troca de cenários entre um quadro e outro do espetáculo. Pois Homero Silva teria que fazer sua parte em um canto do estúdio principal, em meio às marteladas dos montadores de cenários. Mas o maquinista-chefe garantiu que haveria silêncio.

Lá fora aumentava a impaciência daqueles que, no banquete do Automóvel Clube e em vários pontos da cidade, olhavam fixamente cerca de duzentos televisores trazidos dos EUA por avião. Finalmente, com hora e meia de atraso, o espetáculo foi para o ar com apenas duas câmeras. Ao final de cada quadro uma delas era rapidamente empurrada para o canto onde fora improvisado o estúdio de apoio. Não houve uma só falha — conta o engenheiro Jorge Edo — exceto quando num daqueles deslocamentos de câmera ela focalizou rapidamente a rodinha da 'girafa' do microfone, que deve ter passado despercebido pelos espectadores. O espetáculo chegava ao fim. No vídeo, Lolita Rodrigues cantava uma canção patriótica enquanto sobre sua imagem apareciam a bandeira brasileira e um desfile militar. Atrás das câmeras começava a comemoração. O engenheiro americano tão logo soube que o programa estava mesmo no ar, havia voltado correndo para a Tupi, sem contudo esquecer de levar uma garrafa de uísque. Mas alguém estava impossibilitado de receber cumprimentos: José Fortes, o maquinista que garantira silêncio absoluto nos intervalos de mudança de cenário, tinha as mãos ensanguentadas.

Ele havia montado os cenários sem martelar, pressionando os pregos com as mãos."[171]

Posto em funcionamento, afinal, o novo veículo eletrônico de transmissão de imagens e sons a distância, suas câmeras passaram de fato a reproduzir inicialmente a verdade brasileira. Enquanto nos bastidores surgiam problemas técnicos irreparáveis como o enguiço da câmera sem sobressalente, e um trabalhador estoicamente mudava cenários apertando pregos com os dedos (tudo isso representando atrasos nos horários programados), as imagens que apareciam no vídeo não deixavam de refletir um clima de opereta tropicalista. O símbolo da PRF-3 Tupi era o desenho de um menino índio com duas anteninhas de TV em lugar do cocar, e, quando começou o televisionamento, além do delírio de imagens em superposição (desfile militar e bandeira do Brasil tremulando sobre o rosto da cantora entregue a uma interpretação patriótica), viria em sucessão o coro que entoava a música "Canção da TV", composta especialmente para a solenidade pelo veterano Marcelo Tupinambá, com letra do poeta Guilherme de Almeida, e a imagem do Frade Mojica — ar de beatitude dentro de seu hábito marrom de frade franciscano — relembrando sucessos dos tempos de glórias leigas, como a famosa canção "Maria Laô", cujo ponto alto era a interpretação de uma "carcajada sarcástica": "Ah! ah! ah! ah!...".

O clímax da festa inaugural da televisão no Brasil, no entanto, do ponto de vista do público que se comprimia diante dos vídeos espalhados pela cidade de São Paulo, eram ainda as apresentações de artistas, animadores e músicos do rádio, como, aliás, deixava claro o redator da resenha comemorativa dos 25 anos da TV Tupi para o *Diário de São Paulo*:

---

[171] José Silveira Raoul, "O desenvolvimento da televisão no Brasil", "Balanço histórico" publicado no "Suplemento do Centenário" do jornal *O Estado de S. Paulo* de 4 de outubro de 1975.

"Os principais artistas das rádios Tupi e Difusora são os ídolos do espetáculo. O público pode vê-los. É o cinema a domicílio, sem dúvida.

A orquestra de Georges Henry, William Fourneaud, Xisto Guzzi, Simplício, Lulu Benencase, Adaísa de Oliveira, Walter Avancini, João Monteiro, Nelson Guedes, Geni Prado, Rafael Pugliesi, Mazzaropi, Aurélio Campos, Wilma Bentivegna e os garotos vocalistas, Marcos Ayala, Lia Marques, Maurício Loureiro Gama, Rayito del Sol, Lolita Rodrigues, sob a direção artística de Costa Lima e Cassiano Gabus Mendes são os primeiros artistas a aparecer na televisão brasileira, num *show* considerado de alto nível."[172]

Para ver os artistas sem sair de casa, e animados por essa possibilidade nova de um "cinema a domicílio", apenas no primeiro ano do surgimento da TV três mil paulistanos compraram aparelhos de televisão importados dos Estados Unidos, número que já no ano seguinte passaria para sete mil, quando a inauguração da TV Tupi do Rio veio provocar corrida semelhante entre os cariocas.

Como os aparelhos eram consideravelmente caros, tomando por base a renda da maioria das famílias da classe média do Rio e de São Paulo (um televisor comum custava mais de mil cruzeiros, da época), possuir um aparelho de televisão — como aconteceria logo depois com o automóvel "nacional" — passou imediatamente a constituir um indicador de boa condição financeira, de "progresso na vida". Como lembraria com muita oportunidade José Silveira Raoul, em seu citado artigo para o "Suplemento do Centenário" do jornal O *Estado de S. Paulo*:

---

[172] Reportagem retrospectiva "TV Tupi, 25 anos, do tamanho do Brasil", *cit.*

O início da televisão: programas transmitidos diretamente, ao vivo, com os cantores voltados para microfones do tempo do rádio, tendo ao fundo cenários de papelão, no melhor estilo do teatro de revistas. A cantora é Rosa Pardini. Foto de publicidade da TV Tupi, Canal 3, de São Paulo, pelo repórter fotográfico Nicolau Leite.

"No início da televisão, em 1950 possuir um televisor era um sinal de *status* e sucesso na vida, e ao mesmo tempo de casa cheia de amigos. Parentes e amigos que iam 'ver televisão', logo batizados de televizinhos. E lá ficavam duas ou três horas, olhos fixos no vídeo, assistindo a alguns programas bastante improvisados. Os anúncios ainda eram poucos, geralmente simples cartazes. De vez em quando informava-se que 'algo está errado e voltaremos daqui a pouco'. Volta e meia o daqui a pouco não vinha, mas ninguém desistia. Esparramado em sua poltrona favorita, o felizardo reinava sobre os plebeus televizinhos espalhados pela casa."[173]

Na realidade, excluída a novidade do surgimento do novo aparelho caseiro, propriamente dito, e cuja originalidade estava no fato de possuir uma tela de vidro onde apareciam imagens, o que fazia sucesso não era ainda a televisão, como passaria a ser entendida depois, mas o rádio filmado. E, nesse sentido, a escolha do auditório da Rádio Nacional para a demonstração com a TV de poucos anos antes tinha um sentido mais do que simbólico: durante pelo menos os primeiros dez anos de sua instalação, a televisão no Brasil desenvolveu-se montada sobre uma infraestrutura de rádio. E isso, aliás, como lembraria em seu livro *Radiodifusão* o veterano radialista e professor de Comunicações Saint-Clair Lopes, era também o que tinha acontecido até então, tanto na Europa quanto nos Estados Unidos:

"Como aconteceu em todas as partes do mundo, a nossa televisão recorreu ao material humano da radiodifusão sonora. Ao pessoal mais expressivo solicitou o concurso, oferecendo vantagens e um fastígio que declinava no antigo meio de comunicação. A TV inicialmente acompanhou os passos da radiodifusão sonora, seguindo-lhe os métodos, copiando-lhe as produções sensacionais e até seus enganos e vícios, o que

---

[173] José Silveira Raoul, "O desenvolvimento da televisão no Brasil", *art. cit.*

decepcionou um pouco o público telespectador, ávido de coisas novas numa técnica também nova."[174]

O "pessoal mais expressivo" do rádio, evidentemente, foi fazer ante as câmeras de televisão o mesmo que já fazia há muitos anos diante dos microfones, com exceção de alguns poucos como Abelardo Barbosa, o Chacrinha, que cedo soube compreender as possibilidades da imagem, institucionalizando a sua "loucura", através da criação de uma roupa estapafúrdia para apresentação de seu programa *A buzina do Chacrinha*.[175]

Ao iniciar sua programação no Rio de Janeiro, quatro meses após a experiência da associada paulista, a segunda emissora de televisão brasileira, a TV Tupi carioca, abriria o espetáculo às 20 horas e 33 minutos do dia 20 de janeiro de 1951 ao som da Orquestra Tabajara, de Severino Araújo, seguindo-se às 21 horas o tradicional programa *Calouros em desfile*, de Ary Barroso, "que já marcara época no rádio".

Ao relembrar esse primeiro programa da TV Tupi do Rio de Janeiro no tabloide comemorativo dos "15 anos de pioneirismo", editado pelo matutino carioca *O Jornal* em sua edição de 23 de janeiro de 1966, o redator encarregado da pesquisa jornalística escreveria:

---

[174] Saint-Clair Lopes, *Radiodifusão (1922-1972): meio século de integração nacional*. Rio de Janeiro, Associação Brasileira de Emissoras de Rádio e Televisão (ABERT), s.d. [1972], p. 22.

[175] Em notinha na sua seção "Fora do Microfone", da revista *Radiolândia*, nº 274, de 4 de julho de 1959, o colunista que assinava Comadre Eudóxia comentava: "O Chacrinha está cada vez mais louco. Em São Paulo, na televisão, ele aparece vestido com os troços mais extravagantes. No dia da foto, Chacrinha tentava ser 'índio' de óculos e calções". A fotografia, no caso, mostrava Abelardo Barbosa de cocar de penas, colar igualmente de penas de ave sobre a gravata-borboleta, um enorme calção de lamê estilo balão, pernas e parte das coxas cabeludas nuas, sapato social, de verniz, e meias soquete.

O aparecimento da TV: o povo fora do ar

"Um programa especial, a partir das 21h30, foi produzido e apresentado por Antônio Maria sob o título *A Tupi e a televisão*, com desfile dos maiores cartazes do rádio, inclusive Dorival Caymmi, Dircinha Batista, Linda Batista, Ghyta Iamblowsky, Almirante, Aracy de Almeida, Jorge Veiga, Alvarenga e Ranchinho, José Vasconcelos e Mazzaropi."[176]

O destino da televisão ia ser, realmente, durante os primeiros anos, a janela de onde os radiofãs, transformados em telefãs (nome logo empregado por Antônio Maria em suas crônicas de jornal, ainda durante o período experimental da TV Tupi do Rio, em inícios de 1950), assistiram ao "desfile dos maiores cartazes do rádio".

Um anúncio publicado pela primeira agência especializada em produção de anúncios para a televisão no matutino *O Jornal*, porém, já apontava em seu texto, no próprio dia da inauguração da TV Tupi do Rio, a diferença que haveria finalmente de separar o rádio da TV. O anúncio lembrava que, se o rádio era ideal para vender produtos populares, era a televisão que estava vendendo, nos Estados Unidos, automóveis e apartamentos. Isso bem interpretado queria dizer apenas que, considerando as diferenças de preços dos receptores de rádio e de televisão, a tendência era o rádio manter sua tradicional penetração entre as camadas mais baixas da população, enquanto a TV se encaminharia progressivamente para uma posição de veículo dirigido a um público de maior poder aquisitivo.

Ora, como no Brasil esse público começava a ser representado desde o fim da Segunda Guerra Mundial por uma classe

---

[176] Caderno sob o título geral "Tupi, menina-moça: 15 anos de pioneirismo", encartado em *O Jornal*, do Rio de Janeiro, p. 3, de domingo, 23 de janeiro de 1966. A rigor, a primeira imagem a ser transmitida pela televisão carioca foi a de Frei José Mojica, a 29 de julho de 1950, durante as experiências de montagem dos aparelhos.

média emergente, voltada para o consumo conspícuo dos modernos produtos industriais importados e, portanto, fascinada pela imagem de vida do equivalente de sua classe nos países mais desenvolvidos (principalmente os Estados Unidos), essa guinada de interesse da televisão-rádio brasileiro para a televisão-imagem dos grandes centros estrangeiros teria que acontecer. E isso se deu na década de 1960 quando a novidade técnica do videoteipe, associada às possibilidades de dublagem das vozes nos filmes, apagava os últimos vestígios da televisão popular e brasileira, levando a importação de seriados e *shows* musicais a substituir não apenas a herança do rádio, mas os grandes musicais pioneiros com produção local tipo *Noite de gala*, *Noites cariocas*, *Praça Onze*, *Cássio Muniz Show*, *Chico Anísio Show*, do Rio, e *7 no 7* e outros, de São Paulo, todos inspirados no perseverante teatro de revistas.

A retirada da infraestrutura de rádio que sustentava as principais emissoras de televisão — as TVs Associadas apoiadas nas rádios do grupo Chateaubriand; a TV Record nas de Machado de Carvalho e em seus próprios auditórios; a TV Rio em pessoal oriundo das rádios Mayrink Veiga e Nacional — ia provocar a decadência exatamente dessas mesmas pioneiras em favor da única emissora que, compreendendo o fenômeno de concentração capitalista na área das comunicações, iria inaugurar o sistema de produção centralizada, com filosofia de programação e imagem apoiadas no gosto e nas expectativas das camadas de maior poder aquisitivo. Essa emissora, inaugurada no Rio de Janeiro em 1965, foi a TV Globo, do jornalista Roberto Marinho, o segundo empresário da área da imprensa a compreender a lição norte-americana da concentração de meios de produção no campo da indústria do lazer e da informação.

Aparecida no mesmo ano em que a TV Rio e a TV Record de São Paulo realizavam a primeira experiência de transmissão em cadeia, de um estado para outro — cenas da praia de Copacabana foram transmitidas diretamente para o público paulista —, a TV Globo se tornava também contemporânea da formação das redes, o que não deixava de ser uma consequência necessária do aparecimento do videoteipe menos de cinco anos antes.[177]

Fundamentalmente, todas essas novas possibilidades técnicas funcionaram, no caso da nova emissora, a favor da filosofia de seus dirigentes, que era a do reconhecimento de que à televisão cabia *formar mercado*, através do poder de convencimento da imagem capaz de atender a padrões desejados pelos grupos melhor aquinhoados da classe média emergente.

Nada por coincidência, o diretor da TV Globo no momento da opção pelos enlatados, que ajudariam a fornecer a imagem de "modernidade", levando ao consumo dos artigos industriais (o *novo* era a palavra da moda), era um homem de propaganda, Mauro Salles. E é interessante perceber, através de nota de um simples cronista da época, como essa mudança de filosofia no uso da televisão se processava sem que as pessoas pudessem alcançar o seu significado mais profundo.

Realmente, a desnacionalização da televisão brasileira, a fim de atender à realidade nova de um país de classe média crescente e voltada para ideais de consumo necessariamente criados no exterior, era interpretada em meados de 1965 como uma simples guerra entre emissoras, na busca de audiência. E, assim, escrevia em sua seção "Rádio & TV Canal 14", da revista *Música e Letra*, do Rio de Janeiro, o colunista Júlio de Albuquerque:

> "Devagarinho, chama um daqui, descobre outro
> ali, a Globo foi se armando para o trivial. E tacou em

---

[177] Em sua pesquisa "O desenvolvimento da televisão no Brasil", *art. cit.*, anotaria José Silveira Raoul: "As emissoras situadas fora do Rio e de São Paulo foram pouco a pouco substituindo suas produções locais por *video-tapes* daqueles grandes centros. Tal prática, porém, não configurava a constituição das redes, as emissoras continuando totalmente livres para alugar VTs de quem desejassem, sendo comum um canal misturar espetáculos oriundos de várias procedências. As Associadas foram as primeiras a partir para a centralização da produção (Rio e São Paulo) e a Globo adotou este sistema tão logo começou a expansão para outros estados".

cima dos telespectadores o seu trunfo maior: os filmes dublados. Com os longa-metragens, os desenhos, etc., um maciço impressionante, botou em cima da mesa o ovo de Colombo da televisão brasileira, obrigando logo de saída o IBOPE a tomar conhecimento de sua existência. Enquanto isso, a Rio e a Excelsior, na briga pela supremacia dos musicais, se esqueciam da nova concorrente. Até que de repente ('não mais que de repente') moraram na nova jogada. Ah, é assim? E então trataram também de se armar, isto é, de providenciar filmezinhos que fossem também dublados, sem o mecanismo das legendas amputadas pelo receptor. Mas a munição da Globo, meu Deus, não tem mais tamanho. Se a Rio dá um tirinho com o *Show Willys*, o Canal 4 vem e manda uma brasa firme, genuína carnificina, com as 1ª e 2ª sessões dos domingos. Se a Excelsior se enfeita e programa algo parecido, Mauro Salles vira fera e arremete com a metralhadora pesada de tudo quanto é enlatado do Jardim Botânico.

Em vista do que, a gente fica em dúvida em certas ocasiões: estamos em casa ou no Cineac Trianon?"[178]

Descontada a ingenuidade do colunista, aí estava de qualquer forma, em sua observação final, o retrato mais preciso que se poderia pintar do novo fenômeno da televisão importadora de imagens. De fato, a partir desses meados da década de 1960 a televisão brasileira deixaria de ser progressivamente o antigo rádio-filmado para se tornar, via enlatados, a estação repetidora de

---

[178] Júlio de Albuquerque, seção "Rádio & TV Canal 14", revista *Música e Letra*, nº 54, jul.-ago. 1965. A pergunta final é interessante por marcar com clareza a mudança que se operava: até então os telespectadores se sentiam em um auditório de rádio, mas daquele momento em diante estavam sendo transportados para um cinema especializado em atualidades estrangeiras, como era precisamente o caso do Cineac Trianon.

O aparecimento da TV: o povo fora do ar

estilos de vida, de modas artísticas e de expectativas da classe média dos grandes centros desenvolvidos, predominantemente os Estados Unidos.

Para a música popular de características locais, brasileiras, consequentemente, o resultado dessa mudança foi o seu quase total desaparecimento das programações de televisão. De fato, desde fins dos anos 1960 (quando, em todo caso, ainda havia os chamados "festivais de MPB"), mas marcadamente a partir da década de 1970, os antigos cantores, compositores, músicos e arranjadores ligados à música brasileira (julgada agora, depreciativamente, "tradicional") são substituídos por artistas e criadores ligados às correntes de criação "moderna", "universal", logicamente representantes da nova era de colonialismo cultural instaurada paralelamente à dominação do capital e *know-how* estrangeiros, com o concurso, aliás, da própria televisão.

E, assim, estabelecidos os padrões culturais, na área do lazer, com base nas expectativas projetadas pelos anúncios dos intervalos comerciais (onde todas as pessoas são jovens, têm bons dentes, tomam refrigerantes na praia ou bebidas finas em ambientes requintados, passeiam de moto ou automóvel último tipo e planam sobre a realidade em asas voadoras), a única música admitida na televisão passou a ser, logicamente, a mais capaz de expressar esse ideal de ascensão econômico-social da nova classe média urbano-industrial, ou seja, a música estrangeira em moda no momento.

Para a música brasileira, entendida como aquela que traduz não as ilusões do desenvolvimento com tecnologia e capital importados, mas o exercício criativo segundo constâncias históricas, e dentro de padrões ditados pelas maiorias, fica apenas a esperança de chegar à televisão no bojo de uma futura mudança de estruturas. Se essa nova mudança, é claro, for aquela que puser a televisão, afinal, a serviço do povo brasileiro.

13.
OS FESTIVAIS DE TELEVISÃO:
A CLASSE MÉDIA NA PLATEIA

Os concursos de música popular, transmitidos pela televisão sob a denominação de festivais, constituíram durante a década de 1960 o momento mais ativo das relações entre a música popular e esse novo meio de comunicação.

Embora oficialmente inspirados no "Festival della Canzone Italiana di Sanremo", que pelos meados da década de 1950 atraía editores de música de toda a Europa e dos Estados Unidos à Riviera, prendendo milhões de telespectadores italianos à televisão, os festivais brasileiros constituíram, na realidade, uma espécie de fusão das velhas horas de calouros com programas de auditório do rádio de dez anos antes.[179]

Na verdade, enquanto no "Festival de Sanremo" — a exemplo do que aconteceria em Cannes, na França, com o "Festival do Disco do Midem" (Mercado Internacional do Disco e Editores Musicais) — os concursos de música popular funcionavam como uma feira de novidades, dirigida expressamente a editores musicais e empresários de *shows* e da indústria do disco,[180] no

---

[179] Esse aspecto não escaparia contemporaneamente a pelo menos uma cronista especializada, a jornalista Maria Helena Dutra, que em artigo publicado no *Jornal de Letras*, nº 199, de novembro de 1966, sob o título "Televisão deixou a desejar", escreveria ao comentar a transmissão do "II Festival de Música Brasileira da TV Record", de São Paulo: "O [festival] da TV Record continuou programa de auditório filmado e a tomada mais ousada que fizeram foi filmar os cantores de costas, pelo menos um ângulo novo".

[180] Um dos criadores do Midem, Bernard Chevry, definiria em 1968 o seu festival escrevendo: "O Midem não é competitivo. É uma feira em que

O aparecimento da TV: o povo fora do ar

Brasil os festivais eram idealisticamente interpretados como uma oportunidade de "reencontro de um povo com a sua música", como escreveria no *Jornal de Letras*, do Rio de Janeiro, a jornalista Maria Helena Dutra.[181]

O clima quase de histeria do público de classe média que comparecia aos espetáculos de apresentação das músicas e o interesse que o acontecimento despertava na imprensa (páginas inteiras de noticiário diário nos jornais e números especiais de revistas quando da divulgação das músicas premiadas) pareciam de fato indicar o fenômeno novo de uma mobilização geral e consciente em torno da defesa da música popular de caráter brasileiro, em face da invasão da música de massa estrangeira que começava a dominar o mercado. Na realidade, porém, a organização de torcidas e a divisão do público em grupos interessados no espetáculo, como válvula de escape para frustrações pessoais (principalmente políticas, diante do clima restritivo e moralista imposto pelo movimento militar de 1964), vinham revelar apenas mais um ponto de contato dos festivais de música popular transmitidos pela televisão com os antigos programas de auditório do rádio: agora eram as mocinhas e os rapazes da alta classe média, quase todos de nível universitário, que se organizavam para des-

---

os artistas do mundo inteiro oferecem seus espetáculos e suas canções. Quem estiver interessado compra". O autor deste livro fez a análise desses tipos de espetáculos comerciais envolvendo as ilusões de artistas dos países subdesenvolvidos em seu livro *O samba agora vai... A farsa da música popular no exterior*, Rio de Janeiro, JCM, 1969.

[181] Sob o título "Consagração da música brasileira", no *Jornal de Letras*, nº 199, de novembro de 1966, a jornalista Maria Helena Dutra comentava os dois "festivais [que] transformaram a música popular brasileira", ou seja, o "II Festival de Música Popular da TV Record", de São Paulo, e o "I Festival Internacional da Canção", no Rio de Janeiro (cobertura da TV Globo) escrevendo: "Todos os julgamentos fáceis e as posições preconcebidas, todo o radicalismo de alguns críticos e artistas não empanaram o reencontro de um povo com a sua música. Reencontro que fez diminuir em 80% as vendas da chamada música de iê-iê-iê".

frutar alienadamente de uma oportunidade nova de lazer urbano no velho estilo das macacas de auditório.[182]

Historicamente, os festivais de música popular da televisão — transformados em fenômeno de massa a partir da vitória da música "Arrastão", de Edu Lobo e Vinicius de Moraes, em 1965, no "I Festival de Música Popular" organizado pela TV Excelsior de São Paulo — encontram suas origens nos concursos de composições que começaram a se tornar moda a partir de 1960.

O esquema, por sinal, não era original porque, desde a década de 1930 — e, mais remotamente, desde 1909, quando se realizou no Teatro Apolo, do Rio de Janeiro, um "Festival da Música Popular do Rio de Janeiro"[183] — eram comuns os concursos para premiação de músicas, principalmente por ocasião

---

[182] Fotografias publicadas em jornais e revistas da década de 1960, mostrando o público dos festivais de televisão — logo caracterizado por sua disposição para o ruído, protestos e vaias —, revelam uma estreita semelhança com o dos programas de auditório de rádio. Apenas, onde antes apareciam mocinhas negras e mestiças do povo, acenando para os artistas com risos de poucos dentes, podiam-se ver agora mocinhas brancas da classe média, vestindo roupas da moda, enquanto acenavam e exibiam faixas tipo fã-clube, com sorrisos de dentes perfeitos.

[183] A notícia sobre esse festival pioneiro, realizado a 12 de maio de 1909, foi encontrada pelo jornalista Brício de Abreu em número do *Almanaque Teatral*, de 1909, e que comunicou seu achado em artigo publicado no 2º caderno do matutino carioca *O Jornal*, de 15 de janeiro de 1967. Nesse artigo, intitulado "Festival de 1909 não quebrou violão em teatro", Brício de Abreu identificava as músicas vencedoras com a ajuda do livro de registro das gravações da Casa Faulhaber (então em seu poder, e hoje desaparecido), e que foram as seguintes: polca, "Albertina", de Irineu de Almeida, interpretada pela cantora Ismênia Mateus; valsa, "Desditosa", de Maurício Braga, com a cantora Juanita Mani; "Samba", de Alfredo C. Brício, com Pepa Delgado; tango, "Suruba", de João M. dos Santos, com Natalina Serra; tango, "Só andando, mulata", de Euclide Brito, com Maria Del Carmen, e o *schottisch* "Serei amada", de Antonio Peixoto Velho, com Maria Veloso. Todas essas músicas classificadas nesse primeiro festival de 1909 foram gravadas em discos da Casa Faulhaber durante os anos de 1912 e 1913, o que se explica: foi o proprietário da Casa Faulhaber, concessionário

do carnaval. Tais disputas, embora realizadas quase sempre com o nome de concursos (geralmente à base de votação por parte do público, mediante preenchimento de cupom recebido juntamente com a entrada do espetáculo), constituíam na realidade festivais, pois o que atraía o público era a possibilidade de ouvir música cantada e executada ao vivo, numa época em que não existiam ainda os grandes auditórios das emissoras de rádio.

Tais concursos chegaram por isso a ficar tão em moda durante as décadas de 1920 e 1930 que, segundo o ex-radialista e pesquisador da história da música popular Almirante, "durante dez anos, em várias ocasiões e até 1929, na imprensa, em teatros, nos clubes e em *dancings* realizavam-se concursos carnavalescos sem a menor importância.[184] E quase todos incluindo uma parte por assim dizer "cultural" que não passaria aos festivais da era da televisão: segundo a tradição de tais concursos, era praxe fazer preceder na apresentação das músicas uma palestra sobre música popular, como acontecera já em fevereiro de 1919 no Teatro Lírico, quando o responsável pela conferência foi o próprio industrial promotor do concurso, o médico e farmacêutico Dr. Eduardo França, dono da marca Vermutin.[185]

Essa ideia de mobilizar o público através da competição entre compositores e cantores de música popular (quase esquecida durante os anos 1940 e 1950, quando esse tipo de emulação ficou a cargo dos fã-clubes dos grandes programas de auditório) ia ser reavivada a partir de 1960, exatamente no momento em que o rádio, entrando na fase de decadência como casa de espe-

---

das patentes dos discos Favorite Record, gravados de um lado só, quem patrocinou o concurso no Teatro Apolo.

[184] Almirante, *No tempo de Noel Rosa*, 2ª ed., Rio de Janeiro, Livraria Francisco Alves Editora, 1977, p. 177.

[185] Informação de Almirante em *No tempo de Noel Rosa*, *cit.*, p. 176, esclarecendo ainda ter saído vencedor do concurso o compositor Abdon Lyra com o maxixe "Prove e beba Vermutin", premiado com a soma fantástica, para a época, de dois contos de réis.

táculos, transferia todo o seu esquema de produções ao vivo para a televisão.

O primeiro desses modernos festivais foi organizado pelo então *disc-jockey* e compositor Haroldo Eiras e realizado sem sucesso de público no Maracanãzinho na primeira metade de 1960. Apesar de sua pouca repercussão, porém, já no segundo semestre do mesmo ano seriam lançados três festivais de música popular: "A Mais Bela Canção de Amor", patrocinada pela firma O Rei da Voz, no Rio de Janeiro, e, em São Paulo, o "Concurso da Canção Brasileira Homenagem Cinzano", idealizada por Theóphilo de Barros Filho, e o "Festival da Canção", das Associadas, em colaboração com as emissoras do grupo Chateaubriand no Rio, Belo Horizonte e Porto Alegre.

A presença ostensiva dos patrocínios comerciais (Rei da Voz, Cinzano, etc.) não escondia os objetivos puramente comerciais desses concursos que procuravam explorar os nomes dos compositores consagrados da época (e nada por coincidência o vencedor de "A Mais Bela Canção de Amor" seria o endeusado Ary Barroso, com "Canção em tom maior") e isso seria a causa do seu descrédito junto ao público, como parecia sentir desde logo o cronista Brício de Abreu, ao escrever em sua seção "À guisa de prefácio" da revista *Música e Letra*:

> "Agora está em moda a realização de Festivais, da e para a Música Popular Brasileira. Tudo isso é feito com propósitos que não discutimos se bons ou maus, mas todos visando mais à promoção publicitária dos organizadores desses Festivais do que propriamente à divulgação da nossa música."[186]

E o fato é que, como aos patrocinadores interessava apenas capitalizar o resultado do concurso, as composições escolhi-

---

[186] Brício de Abreu, "À guisa de prefácio", revista *Música e Letra*, Rio de Janeiro, nº 28, set.-out. 1960.

Os festivais de televisão: a classe média na plateia   247

das eram sempre assinadas por nomes famosos da música popular tradicional (ainda em 1963 Ary Barroso obteria segundo lugar em parceria com Luís Peixoto no concurso "Uma Canção por um Milhão"), o que afastava dessas competições os autores da moderna tendência da bossa nova e, portanto, as novas gerações da classe média que constituíam o seu público e, tal como o futuro provaria, passariam a constituir também o maior público potencial da televisão.

Assim, apesar de a firma O Rei da Voz tentar aumentar o interesse em torno dos seus concursos, através da atribuição de prêmios cada vez maiores (em 1964 o concurso "Uma Canção por um Milhão" foi promovida a "Uma Canção por Dez Milhões"), ia ser mesmo apenas em 1965, com o "I Festival de Música Brasileira" promovido pela TV Excelsior, com escolha final realizada na cidade balneária de Guarujá, no litoral de São Paulo, que viria a surgir, afinal, a era dos festivais de televisão.

Surgido de uma ideia frustrada de festival de bossa nova na TV Record de São Paulo, o "I Festival de Música Brasileira" da TV Excelsior — para onde se transferira o autor do projeto, o produtor Solano Ribeiro — deveu o seu sucesso ao fato de, pela primeira vez, colocar em segundo plano os compositores e os gêneros de música popular tradicional, preferindo dar ênfase às modernas correntes derivadas da bossa nova, assim como maior oportunidade a compositores e cantores novos e mesmo desconhecidos. Realizado, embora sem grande participação de público e audiência pela televisão (a emissora paulista de maiores índices de IBOPE, na época, era a TV Record, para onde Solano Ribeiro passaria, aliás, o próprio concurso, no ano seguinte), o "I Festival de Música Brasileira" da TV Excelsior ia revelar, afinal, em uma de suas consequências imediatas, a profunda mudança socioeconômica que se operava por trás do fenômeno dos festivais: apenas um mês depois da vitória de "Arrastão", de Edu Lobo e Vinicius de Moraes, a intérprete da música, Elis Regina, era contratada pela TV Record de São Paulo para estrela de um programa de auditório de televisão destinado à moderna juventude tipicamen-

248   A presença da televisão

te classe média paulista: *O fino da bossa*, gravado em videoteipe todas as segundas-feiras no palco do Teatro Record.

O programa *O fino da bossa* (depois intitulado apenas *O fino*, devido à saída do proprietário do título, o produtor Horácio Berlinck, que criara a expressão "O fino da bossa" em 1964) relançava a partir de 17 de maio de 1965 a dupla de palco Elis Regina e Jair Rodrigues, formada pouco mais de um mês antes para um *show* realizado pelo *disc-jockey* e produtor Walter Silva no Teatro Paramount, de São Paulo, e do qual resultará desde logo um disco de sucesso intitulado *Dois na bossa*.

Do ponto de vista de atração de palco, para um novo tipo de auditório de jovens da moderna classe média emergente da sociedade industrial paulista, a combinação era perfeita. Elis Regina, a ex-professorinha gaúcha, que estreara poucos anos antes interpretando boleros, usava seu temperamento pessoal nervoso e explosivo cantando com movimentos vivos dos braços, numa adaptação da coreografia de dança da bossa nova proposta pelo bailarino norte-americano Lennie Dale.[187] Jair Rodrigues, ex-aprendiz de alfaiate transformado em *crooner* de boate e em cantor de sambas, desde o sucesso de "Deixa isso pra lá", de 1964, era um moço interiorano de temperamento alegre e ingênuo, que se deslumbrava com o sucesso a ponto de cantar sentado na borda do palco e a plantar bananeiras diante das câmeras, em ímpetos circenses.

Foi o sucesso desse programa durante a segunda metade do ano de 1965 que mostrou aos donos de emissoras de TV as amplas possibilidades da recriação dos velhos programas de auditó-

---

[187] A influência de Lennie Dale sobre a expressão corporal de Elis Regina é confirmada pelo compositor Dori Caymmi em entrevista a José Eduardo Homem de Melo, para o livro *Música popular brasileira*, e na qual afirmava: "A influência mais marcante é a de Lennie Dale. Alguns cantores, como Elis Regina e Simonal, hoje em dia fazem coisas inteiramente diferentes de Lennie Dale. Mas acho que Lennie deu o cunho de *show* que não existia".

rio das rádios na televisão, desde que se compreendesse, afinal, que era preciso um novo produto musical e um novo tipo de apresentação de palco para atender ao gosto das modernas gerações de jovens, voltadas agora para outras expectativas, geralmente ligadas a imagens e modelos projetados pela indústria do som e do *show business* internacional.

Descoberta a fórmula dos musicais ao vivo, com a participação barulhenta do público jovem dos auditórios, não foi difícil à TV Record de São Paulo transformar em setembro-outubro de 1966 o seu primeiro festival — denominado "II Festival de Música Brasileira", por constituir continuação do realizado pela Excelsior — em um espetáculo de intensa vibração. E para o sucesso muito contribuíram, por sinal, a boa qualidade e aceitação popular das músicas vencedoras, principalmente a marcha "A banda", de Chico Buarque de Holanda, e a toada "Disparada", de Geraldo Vandré e Theo de Barros Filho, que terminaram empatadas em primeiro lugar por pressão do público.[188]

Na verdade, porém, o grande sucesso, mesmo, era representado pela velha fórmula dos concursos de música popular transformados em espetáculo com participação do público assistente, pois, além desse "II Festival da TV Record" (coberto no Rio de Janeiro pela TV Globo), conseguiriam boa repercussão naquele mesmo ano de 1966 o "II Festival da Excelsior", realizado em junho (cujo vencedor foi a marcha-rancho "Porta-estandarte", de Geraldo Vandré e Fernando Lona, e no qual já despontava Caetano Veloso com sua canção "Boa palavra", interpretada por Maria Odete), e o "I Festival Internacional da Canção", promovido pela Secretaria de Turismo da Guanabara em colaboração

---

[188] O resultado final do "II Festival de Música Brasileira", televisionado pela TV Record em 1966, foi o seguinte: 1º) "A banda" e "Disparada", dividindo o primeiro prêmio; 2º) "De amor e paz", de Adauto Santos e Carlos Paraná; 3º) "Canção para Maria", de Paulinho da Viola e Capinam; 4º) "Canção para não cantar", de Sérgio Bittencourt; 5º) "Ensaio geral", de Gilberto Gil.

Ao aproveitar o esquema montado pelos programas de auditório das rádios, a televisão só precisou adaptar o sistema: ao invés de salas convencionais, com poltronas tipo teatro ou cinema, amontoou o público em degraus, passando a manipular a massa definitivamente conforme seus interesses (inclusive técnicos). Imagens reproduzidas de reportagens fotográficas de Paulo Salomão.

com a TV Globo, denunciando a capitalização do fenômeno auditório para fins de promoção oficial.

Tal como acontecera, porém, no auge da era do rádio, quando a meta dos dirigentes de emissoras e animadores de programas era conseguir aumentar sempre seu público cativo, alugando cinemas e teatros e realizando festas especiais, os responsáveis por festivais de televisão começaram a lutar também por auditórios cada vez maiores. E foi assim que, partindo dessa ideia, o antigo integrante do quadro de assessores do ex-Presidente Jânio Quadros, o depois empresário e editor de músicas Augusto Marzagão, levou o Secretário de Turismo carioca a sonhar com a possibilidade de transformar o ginásio do Maracanãzinho numa espécie de auditório gigante, onde se realizaria todos os anos — como promoção para o turismo no Rio — um sofisticado concurso de música popular internacional televisionado.

Aceita a ideia pelo então Secretário de Turismo do ex-Estado da Guanabara, o diplomata João Paulo do Rio Branco, foi redigido um regulamento (tendo como modelo básico, aliás, o do "Festival de Sanremo"), que dividia o "I Festival Internacional da Canção" em duas partes: "a primeira, destinada a escolher a canção brasileira que concorrerá com as canções que representem os demais países participantes; a segunda, destinada a escolher a melhor canção internacional, inclusive a brasileira, entre os países inscritos".[189] O primeiro prêmio era o maior já atribuído em qualquer tempo em um concurso de música popular no Brasil: 11 milhões de cruzeiros, equivalentes ao câmbio do tempo a 5 mil dólares, para o autor da música vencedora, e 5,5 milhões de cruzeiros, equivalentes a 2.500 dólares, para o cantor que a interpretasse.

Os resultados práticos dessa promoção, com algo de megalomania e sem infraestrutura econômica que a justificasse (o Brasil, ao contrário dos norte-americanos e europeus, não tinha co-

---

[189] Texto do Artigo 2º do regulamento do "I Festival da Canção Popular", realizado no Rio de Janeiro de 20 a 30 de outubro de 1966.

mo explorar, na área da indústria do disco e do *show business*, as novidades musicais lançadas durante seu caro festival) foram desastrosos principalmente para a evolução da música popular brasileira no âmbito das criações dirigidas à classe média. É que, preocupados em "não ficar para trás" em relação aos músicos estrangeiros (do porte dos norte-americanos Henry Mancini, em 1966; de Quincy Jones, em 1967; de Nelson Riddle, em 1968; de Jimmy Webb, em 1969; e do espanhol Augusto Algueró, em 1970), os orquestradores brasileiros preocuparam-se em competir na base da elaboração de arranjos de "nível internacional", passando a copiar modelos de orquestrações estrangeiras com tanto rigor que todas as músicas acabavam parecendo iguais.

Com o aparecimento do clima sonoro pré-fabricado pelos arranjos surgia, pois, já a partir de 1969, ou, mais particularmente, a partir de 1970 — quando a tendência norte-americana da moda *pop* se faz sentir nos palcos de maneira arrasadora, e roupas, danças, gestos, instrumental, recursos vocais e *mise-en-scène* passam a imitar o festival de Woodstock —, um novo tipo de música: a "música de festival".

Ao lado dessa música pretensiosamente arranjada por orquestradores de nomeada (como Guerra Peixe, Lindolfo Gaya, Radamés Gnattali, Erlon Chaves, etc.), ia surgir pela mesma época uma nova tendência na área dos jovens universitários, que organizavam seus próprios festivais: a chamada música brasileira de vanguarda.

Essa nova realidade era anunciada ainda em 1970 entre outros pelo colunista Eduardo Athayde, que ao comentar a realização do "III Festival Universitário de Música Brasileira" televisado pela TV Tupi observava, em sua coluna no jornal *Última Hora*, do Rio de Janeiro:

> "Com a realização da primeira semifinal do III
> Festival Universitário ficou patenteada a tendência dos
> nossos jovens compositores a bandearem-se para a
> chamada música brasileira de vanguarda. Abordando

temas relacionados com o avanço tecnológico, as composições (letra e música) bem chegadas à *soul music* e à *pop music* denunciavam os conflitos existenciais, ideológicos, a busca incessante de um caminho definitivo (qual?), a angústia que, passo a passo, acompanha a juventude."[190]

O que acontecia, na verdade, é que, ao dar oportunidade ao público jovem das grandes cidades de declarar publicamente seus gostos musicais, os festivais vinham demonstrar — em meio à confusão de torcidas, vaias e *shows* de palco — não apenas a existência de múltiplas contradições internas da classe média, mas a tendência geral para um universalismo que representava, no fundo, a capitulação das camadas médias emergentes ante as modas manipuladas pelas empresas multinacionais da área do lazer.

Assim, enquanto em 1967 o compositor baiano Caetano Veloso concorria ao "III Festival da TV Record" com a música "Alegria, alegria" acompanhado pelo conjunto de iê-iê-iê argentino Beat Boys, e dizendo "não podemos mais ficar presos a regionalismos",[191] em 1970 o jornalista e jurado de vários festivais Luís Carlos Maciel já poderia escrever em sua página no *Correio da Manhã*, do Rio de Janeiro, sob o título "A estrutura do Festival já morreu":

"Acho que a estrutura tradicional do Festival, a estrutura acadêmica e comprometida com os negócios convencionais do disco e da divulgação da música po-

---

[190] Eduardo Athayde, artigo "A vanguarda no festival", da seção "Som 70", mantida pelo jornalista no tabloide *UH* do jornal *Última Hora*, Rio de Janeiro, 6 ago. 1970.

[191] Declaração publicada no *Jornal da Tarde*, de São Paulo, de 13 de outubro de 1970, na entrevista sob título "Caetano Veloso quer acabar com regionalismos. Um conjunto de iê-iê-iê vai ajudá-lo".

pular foi muito tirada do Festival de Sanremo, que é um negócio que já acabou, morreu. É inevitável que o Festival comece a se transformar por dentro e esse processo foi visto este ano, em que as coisas estão acontecendo muito ligeiro. No ano passado o Macalé foi lá, berrou, e todo mundo vaiou. Este ano o Tony Tornado berrou, e todo mundo aplaudiu e deram o primeiro lugar a ele."

E o jornalista-jurado concluía, após lembrar que "o Festival da Record proibiu a guitarra elétrica e acabou":

"O Marzagão sabe disto e não vai fazer o VI FIC. Vai partir para um festival de música *pop*, que é um negócio que está vivo e existe."[192]

Na verdade Augusto Marzagão e a TV Globo ainda realizariam em 1971 o "VI Festival Internacional da Canção", mas num ponto a previsão do jornalista estava certa: houve um apelo especial aos compositores jovens ligados às modernas tendências da música internacional, e o que a televisão e as fotografias das revistas iam mostrar seria, realmente, um espetáculo em que até os gestos eram copiados de estilos estrangeiros em moda no momento.

Essa manipulação do fenômeno cultural na área da música popular pelos detentores dos meios de comunicação (desde 1967 a TV Globo adquirira exclusividade das transmissões do "Festival Internacional da Canção", ao assumir a responsabilidade sobre 55% dos gastos com a promoção) seria denunciada, nesse mesmo ano de 1971, pelo jornalista, poeta e letrista de música

---

[192] Luís Carlos Maciel, página "Depoimento", publicada no caderno denominado "Anexo", do jornal *Correio da Manhã*, do Rio de Janeiro, de 21 de outubro de 1970, sob o título geral de "A estrutura do Festival já morreu".

Os festivais de televisão: a classe média na plateia

popular Torquato Neto, ao escrever em sua página "Jornal de Comunicação", do vespertino *Última Hora*, do Rio de Janeiro:

> "Seis anos depois, em que se transformou o Festival Internacional da Canção? Num grande espetáculo de TV, transmitido diretamente para vários países da cadeia Eurovisão."[193]

A reação do jovem jornalista e compositor ligado ao chamado Movimento Tropicalista, no entanto, não se dirigia propriamente contra a transformação do "Festival Internacional da Canção" num veículo de alienação da realidade das maiorias, no Brasil: reclamava, sim, contra o fato de a premiação na parte brasileira do festival demonstrar preocupação algo acadêmica, em lugar de estimular as criações de compositores da vanguarda universitária, mais sofisticadamente alienada ainda. Lembrava Torquato Neto:

> "O ano de Woodstock foi para o FIC o ano de Romuald e de 'Luciana'. Em 1970 o povo torceu no Maracanãzinho pela 'BR-3', com Tony Tornado, e como já havia acontecido com 'Margarida', 'Caminhando', 'Saveiros' e outras cantigas vitoriosas, tratou de enterrá-la imediatamente após o Festival na vala comum da esnobação sistemática. Logo esqueceu-se dela, como das outras. E foi buscar algumas que não puderam ser ouvidas debaixo das vaias-para-exportação: 'Charles Anjo 45', do Festival de 1969, foi sucesso até meados de 1970. É apenas um exemplo."[194]

---

[193] Torquato Neto, artigo "FIC (fique?). O Festival de sempre", na página intitulada "Jornal de Comunicação", do jornal *Última Hora*, Rio de Janeiro, 14 jul. 1971.

[194] Torquato Neto, *art. cit.*

O que o público ululante dos festivais e os jovens universitários de pretensão vanguardista não conseguiam enxergar, afinal, entregues como estavam às suas ilusões paralelas ao do modelo econômico de 1964, era simplesmente que, ainda uma vez, tudo o que os detentores dos meios de comunicação lhes desejavam oferecer era apenas a oportunidade de frequentarem um auditório, para aplaudir (ou vaiar) músicas e números de palco, garantindo IBOPE para os intervalos comerciais. Os empresários dos artistas, no entanto, sabiam disso, e Guilherme Araújo, promotor do grupo baiano liderado por Caetano Veloso e Gilberto Gil, já podia declarar, em 1968, diante da proliferação dos festivais:

> "Os festivais sofreram muito desgaste. Primeiro porque não foram recebidos como o que são, na verdade: programas de TV. Foram recebidos como competição, daí as brigas. Na verdade as pessoas estavam lá para ganhar o seu dinheiro."[195]

De fato — tal como no caso dos desfiles das escolas de samba, cuja repetição monótona e institucionalizada levou no carnaval de 1978 a TV Bandeirantes a substituir sua cobertura por filmes importados — o cansaço dos programas de auditório denominados festivais começou a desinteressar o público e, em 1972, deixaria de interessar também às televisões, após o fracasso final do "VII Festival Internacional da Canção", apontado pela imprensa como um simples videoteipe dos anteriores.

Três anos após esse fim lamentável (houve sopapos em um dos jurados, o psiquiatra Roberto Freire, que teimava em subir ao palco para ler um manifesto acusando os compositores de desinteresse e de desconfiança absurda no júri do Festival, e cor-

---

[195] Declaração de Guilherme Araújo ao jornal *Última Hora*, de São Paulo, publicada na edição de domingo, 10 de novembro de 1968, em reportagem sob o título "Os empresários também vão ganhar, mas todos são da mesma opinião: tem Festival demais".

Os festivais de televisão: a classe média na plateia

reram acusações de "marmelada" nos resultados), a própria TV Globo ainda tentou reviver o programa de calouros-compositores da classe média em 1975 com o festival denominado promissoramente "Abertura". E para evitar o barulho e a impertinência das novas macacas de auditório brancas, de nível universitário, herdeiras dos humildes frequentadores dos programas de auditório das rádios de 20 anos antes, fez realizar o Festival no ambiente requintado do Teatro Municipal do Rio de Janeiro. A fórmula, porém, estava gasta, e o fundo comercial de seus objetivos suficientemente conhecido, a ponto de um dos concorrentes classificados nesse mesmo concurso "Abertura", o autor de "Dança espanhola sobre a cabeça", José Márcio Pereira, declarar a um jornalista, ainda antes da escolha final:

> "Este festival vem como uma oportunidade para os novos valores, embora seja muito limitada. Eu, por exemplo, consegui contrato para gravar a minha música através do festival e, no fundo, é esta a intenção deles: aproveitar e explorar as pessoas que aparecem, porque o que falta para a televisão são os novos valores."[196]

Os oito anos que marcaram essa "era dos festivais", no entanto, serviram de qualquer forma para fazer aparecer diante das câmeras da televisão um certo tipo de música popular e de artistas brasileiros; assim como foram úteis, também, para mostrar nos próprios vídeos, de maneira viva e ilustrativa, as contradições de uma estrutura urbana em pleno processo de acelerada diversificação social, consequente de um projeto de desenvolvimento capitalista voltado para o exterior. Em artigo publicado na revista *Veja*, de São Paulo, de 20 de novembro de 1968, comentando

---

[196] Declaração publicada na reportagem "'Abertura': a música brasileira em festa", publicada na página "Festival" do jornal *Última Hora*, São Paulo, 11-12 jan. 1975.

o "IV Festival de Música Popular da TV Record", o autor deste livro procurava interpretar contemporaneamente esse momento de grande riqueza dialética escrevendo, sob o título "Um festival ligado na tomada" (referência à excessiva preocupação de atualidade tecnológica dos ingênuos artistas da classe média do tempo, e que traduzia no plano artístico as ilusões provocadas pelo processo de concentração capitalista do modelo imposto pelo movimento militar de 1964):

> "Apreciado de um ponto de vista global, o IV Festival de Música Brasileira oferece um quadro bastante vivo das atuais contradições das classes média e populares, sujeitas à camisa de força das estruturas urbanas de um país subdesenvolvido. A geração dos compositores saídos das camadas mais baixas da população semianalfabeta e presa a esquemas rítmico-melódicos nascidos da conciliação da música europeia com a percussão africana está definitivamente afastada dos mecanismos de comunicação do disco e da TV (os exemplos de Paulinho da Viola e do compositor Martinho da Vila, da Escola de Samba Vila Isabel, não servem, porque o primeiro ascendeu socialmente à classe média, e o segundo é apresentado como mera 'curiosidade', para dar um toque democrático de crioulismo ao Festival). Essa sufocação da expressão cultural das maiorias, em nome de um requintamento musical que não corresponde à realidade brasileira, abre caminho exclusivo dos meios de divulgação para a juventude urbana de nível universitário, que aparece dividida na hora dos festivais: os adeptos da cultura de elite cultivam a bossa nova, como os irmãos Marcos e Paulo Sérgio Valle ('Diálogo'), Francis Hime e Paulo César Pinheiro ('A grande ausente'), Maurício Heinhorn, Arnaldo Costa e Mário Telles ('Domingo de manhã'), Milton Nascimento e Fernando Brant ('Sentine-

la'), Dori Caymmi e Nelson Motta ('Rosa da gente'). Os protestantes da cultura de elite, embora nascidos dela, adotam a linha ideológica, como Sérgio Ricardo ('Dia da graça'), Adilson Godoy ('O general e o muro'), Luís Vieira e Lúcia Helena ('Cantoria'). E, finalmente, o chamado grupo dos baianos, que representa a camada capaz de superar quaisquer padrões para chegar ao sucesso, une-se às mais novas gerações ainda no limbo cultural (e portanto abertas à influência da cultura de massa com matriz nos países mais desenvolvidos) e tenta impor as suas experiências, onde toda a loucura é válida e comercialmente vendável. Para os que sabem distinguir as constantes da tradição cultural brasileira na área popular, e que quando se afligem com as deformações são chamados de saudosistas, restam pelo menos dois consolos e uma experiência válida: um é Paulinho da Viola, o outro é Chico Buarque de Holanda, e a experiência é a de Rita Lee, lembrando-se da moda de viola para uma síntese temático-musical-cultural original."[197]

De fato, o fenômeno da tomada dos auditórios de teatros e de emissoras de televisão por um público predominantemente de classe média emergente servia para comprovar a tendência à sofisticação e alienação já evidenciada pelas programações do próprio rádio, a partir da década de 1960, e que afastaria de uma vez por todas os representantes das maiorias do povo e sua música dos canais de divulgação.

A sociedade de classes brasileira, dirigida desde 1964 por uma associação de militares e tecnocratas autodefinidos como revolucionários, não hesitara na verdade em impor o processo de

---

[197] José Ramos Tinhorão, "Um festival ligado na tomada — No Festival da Record, em São Paulo, a eletricidade é o grande músico", revista *Veja*, São Paulo, 20 nov. 1968.

concentração capitalista de seu modelo econômico de desenvolvimento acelerado com importação de capitais e tecnologia, de cima para baixo. E durante o tempo em que, na área do lazer urbano, predominaram os festivais, os representantes da classe média puderam expor livremente diante dos vídeos os exemplos da sua adesão alienada às consequências do modelo econômico, enquanto os filhos do povo — além de afastados dos auditórios e dos palcos das rádios e televisões — eram espancados pela polícia durante suas demonstrações espontâneas de música e dança, como aconteceria em outubro de 1970, durante a Festa da Penha, no Rio de Janeiro. Violência elitista que levaria, aliás, o jornalista negro carioca Waldinar Ranulpho a protestar escrevendo em sua coluna "Na Roda do Samba", publicada pelo jornal *Última Hora* do Rio:

> "O que é isso minha gente? Onde é que nós estamos? Desde quando o sambista ou os que gostam de sacudir a carola têm que ser encarados como marginais? Ou o sambista só é encarado como gente quando está colorindo os pagodes de uns e outros interessados em campanhas eleitorais ou para impressionar os estranjas, convencendo-os de que aquela alegria exuberante que eles observam no domingo de carnaval é a confirmação de que tudo vai indo que é uma beleza?"[198]

---

[198] Waldinar Ranulpho, seção "Na Roda do Samba", do tabloide *UH* do jornal *Última Hora*, Rio de Janeiro, 22 out. 1970.

Os festivais de televisão: a classe média na plateia

REFERÊNCIAS BIBLIOGRÁFICAS

LIVROS

ALMIRANTE. "O rádio". In: *No tempo de Noel Rosa*. Rio de Janeiro: Livraria Francisco Alves, 1963; 2ª ed., 1977.

ANDRADE, Oswald de. *Um homem sem profissão. Memórias e confissões. Vol. I (1890-1919). Sob as ordens de mamãe*. Rio de Janeiro: Civilização Brasileira, 1974 (Obras Completas, IX).

BANDEIRA, Moniz. *Cartéis e desnacionalização: a experiência brasileira (1964-1974)*. Rio de Janeiro: Civilização Brasileira, 1975.

DAMASCENO, Atos. *Palco, salão e picadeiro*. Porto Alegre: Globo, 1956 (Coleção Província).

DELLA MONICA, Laura. *Rosa amarela*. São Paulo: Conservatório Musical Marcelo Tupinambá, 1967.

FLOHERTY, John J. *História da televisão*. Rio de Janeiro: Letras e Artes, 1964.

GUERRA, Antônio. *Pequena história de teatro, circo, música e variedades em São João del-Rei, 1717-1967*. Juiz de Fora: Edição do autor, 1968.

HÉMARDINQUER, P. *Le phonographe et ses merveilleux progrès*. Prefácio de Louis Lumière. Paris: Masson & Cie. Éditeurs, 1930.

HOLANDA, Nestor de. *Memórias do Café Nice: subterrâneos da música popular e da vida boêmia do Rio de Janeiro*. Rio de Janeiro: Conquista, 1969.

LADEIRA, César. *Acabaram de ouvir... Reportagem numa estação de rádio*. São Paulo: Companhia Editora Nacional, 1933.

LIMA, Rossini Tavares de. *Da conceituação do lundu*. São Paulo: s.n., 1953.

LOPES, Saint-Clair. *Radiodifusão (1922-1972): meio século de integração nacional*. Rio de Janeiro: Associação Brasileira de Emissoras de Rádio e Televisão (ABERT), s.d. [1972].

Os festivais de televisão: a classe média na plateia

MURCE, Renato. *Bastidores do rádio: fragmentos do rádio de ontem e de hoje*. Rio de Janeiro: Imago, 1976.

NEVES, Eduardo das. *Trovador da malandragem*. Rio de Janeiro: Livraria Quaresma Editora, 1926.

PAES, Adelino J. *O Rio do verdor dos meus anos e o muro dos sem-vergonhas*. Rio de Janeiro: Nobre Gráfica Editora, 1964.

PENTEADO, Jacó. *Belenzinho 1910: retrato de uma época*. São Paulo: Livraria Martins Editora, 1962.

PEREIRA, João Batista Borges. *Cor, profissão e mobilidade: o negro e o rádio de São Paulo*. São Paulo: Livraria Pioneira Editora, 1967.

RABELAIS. *Pantagruel*. In: *Oeuvres de F. Rabelais*. Anotadas pelo bibliófilo L. Jacob. Paris: Charpentier Libraire-Éditeur, 1845.

Rádio Nacional: 20 anos de liderança a serviço do Brasil (1936-1956). Rio de Janeiro: Superintendência das Empresas Incorporadas ao Patrimônio Nacional, 1956.

ROQUETTE-PINTO, Edgar. *Ensaios brasilianos*. São Paulo: Companhia Editora Nacional, s.d. [1941] (Coleção Brasiliana, 190).

SETH. *Exposição: desenhos a pena de Seth (1929-1936)*. Rio de Janeiro: Atelier Seth, 1937.

SEYSSEL, Waldemar (Palhaço Arrelia). *Arrelia e o circo*. São Paulo: Melhoramentos, 1977.

TINHORÃO, José Ramos. *O samba agora vai... A farsa da música popular no exterior*. Rio de Janeiro: JCM, 1969.

_____. "A invasão estrangeira". In: *Música popular: teatro e cinema*. Petrópolis: Vozes, 1972.

_____. *Música popular: os sons que vêm da rua*. São Paulo: Tinhorão, 1976 (nova edição: *Os sons que vêm da rua*. São Paulo: Editora 34, 2005).

VASCONCELOS, Ary. *Panorama da música popular brasileira*. São Paulo: Livraria Martins Editora, 1964.

_____. *Raízes da música popular brasileira (1500-1889)*. São Paulo/ Rio de Janeiro: Livraria Martins Editora/MEC, 1977.

VASCONCELOS, Didi. "O rádio há 30 anos". In: *30 anos em 4 etapas*. São Paulo: Obelisco, 1968.

WANDERLEY, Eustórgio. *Tipos populares do Recife antigo*. Recife: Colégio Moderno, 1954.

REVISTAS E JORNAIS

"A primeira experiência de televisão no Brasil". Revista *Carioca*, Rio de Janeiro, nº 190, 10 jun. 1939.

"A radiotelefonia na Bahia". Revista *Rádio*, Salvador, out. 1924, *apud* Edu, "Quando nasceu o rádio no Brasil?". *Correio Paulistano*, São Paulo, 26 jun. 1949.

"'Abertura': a música brasileira em festa". *Última Hora*, São Paulo, 11-12 jan. 1975.

ABREU, Brício de. "À guisa de prefácio". Revista *Música e Letra*, Rio de Janeiro, nº 28, set.-out. 1960.

_____. "Festival de 1909 não quebrou violão em teatro". *O Jornal*, Rio de Janeiro, 15 jan. 1967.

ALBUQUERQUE, Júlio de. "Rádio & TV Canal 14". Revista *Música e Letra*, Rio de Janeiro, nº 54, jul./ago. 1965.

ALENCAR, César de. "Na passagem de mais um aniversário da Rádio Nacional". Revista *Vida Doméstica*, Rio de Janeiro, nº 426, set. 1953.

ARAÚJO, Guilherme. "Os empresários também vão ganhar, mas todos são da mesma opinião: tem Festival demais". *Última Hora*, São Paulo, 10 nov. 1968.

ATHAYDE, Eduardo. "A vanguarda no festival". *Última Hora*, Rio de Janeiro, 6 ago. 1970.

BORELLI FILHO. "Os programas de auditório estão 'matando' o rádio!". *Revista do Rádio*, Rio de Janeiro, 9 jan. 1951.

"Caetano Veloso quer acabar com regionalismos. Um conjunto de iê-iê-iê vai ajudá-lo". *Jornal da Tarde*, São Paulo, 13 out. 1970.

CARVALHO, Paulo Machado de. "Tudo aconteceu em 50 anos" (entrevista). *O Estado de S. Paulo*, São Paulo, 5 maio 1974.

CASÉ, Ademar. "Casé, o programa dos anos quarenta" (entrevista). *O Globo*, Rio de Janeiro, 28 out. 1973.

CASTRO, Acyr. "*Jingles*, o gênero musical que mais vende" (reportagem). *Jornal do Brasil*, Rio de Janeiro, "Caderno B", 22 nov. 1972.

"Como subiram duas estrelas" (comparação das carreiras das cantoras Marlene e Emilinha Borba). *Revista do Rádio*, Rio de Janeiro, 8 dez. 1956.

DUTRA, Maria Helena. "Consagração da música brasileira". *Jornal de Letras*, Rio de Janeiro, nº 199, nov. 1966.

Referências bibliográficas

_____. "Televisão deixou a desejar". *Jornal de Letras*, Rio de Janeiro, nº 199, nov. 1966.

EFEGÊ, Jota. "Depois de ouvir a música, comer os discos era a novidade do século". *O Jornal*, Rio de Janeiro, 12 mar. 1967.

"Emilinha Borba — Em sua estrada as flores não morrem" (entrevista). *O Globo*, Rio de Janeiro, 11 out. 1973.

"Fora do microfone". Revista *Radiolândia*, Rio de Janeiro, nº 274, 4 jul. 1959.

GUIMARÃES, Celso. "Calouros". *Revista da Rádio Nacional*, Rio de Janeiro, nº 5, dez. 1950.

Jornal da Tarde (entrevista de Vitor Dagô), São Paulo, 29 nov. 1971.

MACIEL, Luís Carlos. "A estrutura do Festival já morreu". *Correio da Manhã*, Rio de Janeiro, 21 out. 1970.

MÁRCIO, Flávio. "Sônia Amaral vai cantar na televisão terça-feira, dia 2". *Jornal da Tarde*, São Paulo, 30 ago. 1969.

"Memórias do Homem Sisudo" (entrevista de Marília Batista a João Guimarães). *Correio da Manhã*, Rio de Janeiro, 25 maio 1962.

"O decênio do *Programa César de Alencar* na história do rádio" (reportagem). Revista *Vida Doméstica*, Rio de Janeiro, jul. 1959.

"O diário de Emilinha Borba". *Revista do Rádio*, Rio de Janeiro, 23 dez. 1952.

"O mundo dos auditórios". Revista *Cartaz*, Rio de Janeiro, 1973.

"O programa de calouros visto por dentro". *Cine-Rádio-Jornal*, Rio de Janeiro, nº 2, 18 ago. 1938.

"O sonho de um século: a televisão!". *Cine-Rádio-Jornal*, Rio de Janeiro, nº 46, 15 jun. 1939.

"Por dentro das cortinas dos estúdios". Revista *Carioca*, Rio de Janeiro, nº 55, 7 nov. 1936.

"Quando a felicidade bate à porta dos fãs" (entrevista de Emilinha Borba em programa da série *Especial*, da Rádio Jornal do Brasil). *Jornal do Brasil*, Rio de Janeiro, 29 jan. 1975.

RANULPHO, Waldinar. "Na Roda do Samba". *Última Hora*, Rio de Janeiro, 22 out. 1970.

RAOUL, José Silveira. "O desenvolvimento da televisão no Brasil". *O Estado de S. Paulo*, 4 out. 1975, "Suplemento do Centenário".

ROCHA, Caribé da. Seção "Comentando...", da coluna "Falando de Todo o Mundo", *Correio da Noite*, Rio de Janeiro, 11 maio 1939; 7 nov. 1939; 17 nov. 1939; 19 dez. 1939; 23 jan. 1940; 24 maio 1940; 12 jun. 1940; 19 jul. 1940; 9 ago. 1940; 29 set. 1940; 2 out. 1940; 5 nov. 1940.

"Teatros...". *A Gazeta de Notícias*, Rio de Janeiro, 5 abr. 1897.

TINHORÃO, José Ramos. "Um festival ligado na tomada — No Festival da Record, em São Paulo, a eletricidade é o grande músico". Revista *Veja*, São Paulo, 20 nov. 1968.

TORQUATO NETO. "FIC (fique?). O Festival de sempre". *Última Hora*, Rio de Janeiro, 14 jul. 1971.

"Tupi, menina-moça: 15 anos de pioneirismo". *O Jornal*, Rio de Janeiro, 23 jan. 1966.

"TV Tupi, 25 anos, do tamanho do Brasil". *Diário de São Paulo*, São Paulo, 18 set. 1975.

MÚSICAS

ALENCAR, Cristóvão de; CORDOVIL, Hervê. "PR Você" (marcha). Gravada por Francisco Alves. Disco Odeon nº 11-528, 1937.

ALVES, Ataulfo; FALCÃO, Wilson. "Trovador não tem data" (marcha). Letra conforme publicação no jornal *A Modinha*, nº 276, jan. 1940.

AMAR, Vicente; ALMEIDINHA. "Bloco do Carequinha" (marcha). Letra conforme publicação na revista *Vamos Cantar*, nº 143, 1963.

ANDRÉ FILHO. "Canto ao microfone" (marcha). Gravada por Aurora Miranda. Disco Odeon nº 11-408-B, 1936.

BABO, Lamartine. "As cinco estações do ano" (cateretê). Gravado por Lamartine Babo, Almirante, Mario Reis e Carmen Miranda. Disco RCA Victor nº 33-691-B, 6 jul. 1933.

BAIANO. "Quem eu sou?!..." (modinha). Disco Odeon nº 120-917, 1915.

BALMA, Raimundo. "Fã preferida" (samba). Gravado por Gilberto Alves. Disco Odeon nº 12-574-A, 1946.

BATISTA, Benjamin; BATISTA, Marina (Wilson Batista). "Um baile na chacrinha" (marcha). Letra conforme publicação no *Jornal de Modinhas Ilustrado*, nº 164, 1948.

BATISTA, Wilson; CASTRO, Jorge de. "Ai... Ary" (samba). Gravado por Jorge Veiga. Disco Continental nº 15-978, 1949.

Referências bibliográficas

BATISTA, Wilson; CASTRO, Jorge de. "Marcha das fãs" (marcha). Gravado por Blecaute. Disco Copacabana nº 5-517-B, 1956.

BRASINHA; BLECAUTE. "O direito de nascer" (marcha). Gravada por Blecaute. Disco Philips nº 632-778. Letra conforme publicação na revista *Vamos Cantar*, nº 178, 1966.

CAETANO, Pedro; BRAGA FILHO. "Mais um episódio" (samba). Letra conforme publicação na revista *Vida Nova*, nº 371, 1943.

CAETANO, Pedro; GONÇALVES, Alcides. "Minhas valsas serão sempre iguais" (valsa). Gravada por Orlando Silva. Disco RCA Victor (78 rotações) nº 80-2326, maio 1961; disco RCA Victor (45 rotações) nº 583-5061, 1961.

CALAZANS, José (Jararaca); COUTO, Belisário. "Rádio pá virada" (cômico). Acompanhados por Zequinha e Petit. Disco Columbia nº 5-200-B, 1930.

CASCATA, J. "Na minha palhoça" (samba). Gravado por Sílvio Caldas. Disco Odeon nº 11-271-A, 1935.

CORREIA, Abílio; RAMOS, Marcelino; LOUZADA, Zé. "Dom Rafael" (marcha). "Gravação de Jim Castro", segundo indicação da revista *Vamos Cantar*, nº 174, 1965.

CRUZ, César; SILVA, Moreira da. "Estúdio Azul" (samba-canção). Gravado por Moreira da Silva. Disco Odeon nº 12-620, 1946.

EVANGELISTA, João. "Fala RSC" (samba). Gravado por Aurora Miranda. Disco Odeon nº 11-049-B, 1933.

GARCIA, Santos; MOTA, Sebastião; NASCIMENTO, A. "Orestes Barbosa" (marcha). "Gravação Guarani de Nora Ney", segundo indicação da revista *Vamos Cantar*, nº 179, edição *Carnaval de 1966*.

GERMANO Augusto; MEIRA, Gabriel. "Maestro caixa de fósforo" (samba). Gravado por Aracy de Almeida, segundo indicação do jornal *A Modinha*, dez. 1943.

GONÇALVES, José; COSTA, Artur. "Diferença do malandro" (samba). Letra conforme publicação no jornal de modinhas *A Voz do Mundo*, ago. 1936.

JORGE AFONSO. "Ary Barroso não morreu". "Gravação Guarani de Celinha Alves", segundo indicação da revista *Vamos Cantar*, nº 179, 1966.

JUNO, Portello; PORTELLA, J. "Essa cabrocha" (samba). Gravado por Carmen Miranda. Disco Odeon nº 11-851-A, 18 abr. 1939.

KID PEPE; ZECA IVO. "Ondas curtas" (marcha). Gravada por Orlando Silva. Disco Columbia nº 8-111-B, 1935.

LIMA, Miguel; LIMA, Gil. "Resposta da Fanzoca" (marcha). Gravada por Roberto Paiva. Letra conforme publicação na revista *A Modinha Popular*, nº 112, 1959.

LOBO, Fernando; ARAÚJO, Manezinho. "Emilinha" (samba). Gravado por Jorge Veiga. Disco Continental nº 16-495-B, 1951.

LOPES, Dora; ARAÚJO, Renato; VIANA, Nilo. "Pó de mico" (marcha). Gravada por Nair Queiroz, conforme informação da revista *Vamos Cantar*, nº 154, 1964. Também gravada por Emilinha Borba em disco CBS nº 3-234, 1962.

LOPES, Dora; BATISTA, José; RODRIGUES, Linda. "Casamento na TV" (marcha). Gravada por Raul Longras. Letra conforme publicação na revista *O Samba*, nº 91, 1968.

MADAME MESSIAS. "Obrigado, minhas fãs" (marcha). Gravada por Carequinha. Disco Copacabana nº 6-197, 1960.

MARINHO, Cravo. "A mulher e o rádio" (cateretê). Gravado por Raul Torres e Serrinha. Disco RCA Victor nº 34-351-A, 9 abr. 1938.

MARTINS, Herivelto. "Meu rádio, meu mulato" (samba-choro). Gravado por Carmen Miranda. Disco Odeon nº 11-625, 1938.

MATOSO, Francisco. "Em primeira audição" (marcha). Gravada por Aurora Miranda. Disco Odeon nº 11-329-A, 1936.

MESQUITA, Custódio; MARQUES, Dr. J. (Paulo Roberto). "Cantor do rádio" (fox-canção). Gravado por João Petra de Barros. Disco Odeon nº 11-056-A, 1934.

MESQUITA, Custódio; PAULO ROBERTO. "Canção ao microfone" (fox-canção). Gravado por João Petra de Barros. Disco Odeon nº 11-058-B, 1934.

MESSIAS, Augusto; DALTRO; ZARANI. "Marcha da fanzoca" (marcha). "Gravação Nair de Queiroz", segundo indicação da revista *Vamos Cantar*, nº 154, em sua edição de carnaval de 1964.

METADE. "Grã-fino respeitado" (samba-choro). Cantado por Domores Soares. Letra conforme publicação no *Jornal de Modinhas*, 1946.

MIGUEL GUSTAVO. "Fanzoca de rádio" (marcha). Gravada por Carequinha. Disco Copacabana nº 5-845-A, 1958.

NÁSSARA; CASCATA, J. "É o maior" (marcha). Gravada pelo conjunto Trigêmeos Vocalistas. Disco Sinter nº 00-00444, 1956.

Referências bibliográficas

PACHECO, Rossini; CECCOPIERI, Henrique. "Isso me ama" (samba). Gravação de Hugo Brando, segundo indicação da revista *Vamos Cantar*, nº 143, 1963.

PAQUITO; GENTIL, Romeu. "Marcha do conselho" (marcha). Gravada por Roberto Paiva. Disco Sinter nº 00173, 1953.

PEREIRA, Ernestino. "Nossa homenagem" (samba). Letra conforme publicação na *Revista das Modinhas*, nº 4, 1949.

RIBEIRO, Alberto. "Zefa" (embolada). Gravada por Breno Ferreira. Disco Columbia nº 22-146-B, [1931-1932].

ROCHA, Albertina da; CANEGAL, Arnô. "Direito de nascer" (samba). Gravada por Jorge Veiga. Disco Continental nº 16-618, 1952.

SERENO. "Rádio-mensagem" (samba). Gravado por Neusa Maria. Disco Continental nº 15-355-B, 1945.

SILVA, Ismael. "Fã" (samba). Gravado por Gilberto Alves. Disco Odeon nº 12-189-B, 1942.

SILVA, Luís Dias da. Disco "Umorístico", "No estúdio da rádio". Disco Arte-Fone nº 4-025-A, 1930.

SOARES, Elias; WANDERLEY, Luiz. "A sopinha do Zarur" (xote). Gravado pelo cantor-compositor-humorista Gordurinha. Disco Chantecler, 1960. Também gravada por Luiz Wanderley em discos Chantecler nº 78-0343 (compacto) e CMG 2068 (LP *Espetacular*), ambos de 1960.

TAPAJÓS, Maurício; CARVALHO, Hermínio Bello de. "Rainha do rádio". Gravada pelo Quarteto em Cy. Disco Fontana/Philips nº 6470-524 (LP *Máximo de Sucessos 12*), 1975.

TAVARES, Jorge; HOLANDA, Nestor de. "Baile na chacrinha" (marcha). Gravada pelo conjunto 4 Ases e 1 Coringa. Disco Odeon nº 12-961, 1950.

SOBRE O AUTOR

José Ramos Tinhorão nasceu em 1928 em Santos, São Paulo, mas criou-se no bairro de Botafogo, no Rio de Janeiro, onde teve suas primeiras impressões de coisas populares assistindo a rodas de pernada e sambas de improviso, na esquina da Rua São Clemente com a Praia de Botafogo, em frente ao Bar Sport Carioca.

Da primeira turma de Jornalismo do país, já colaborava no primeiro ano com a *Revista da Semana*, do Rio de Janeiro, e a *Revista Guaíra*, do Paraná, entre outros veículos, até ingressar no *Diário Carioca* em 1953, ano de sua formatura, onde permanece até 1958.

De 1958 a 1963 escreve para o *Jornal do Brasil*, começando em 1961 as famosas "Primeiras Lições de Samba". Na década de 1960, Tinhorão passa pela televisão — Excelsior (despedido em 1º de abril de 1964, quando da tomada do poder pelos militares no Brasil), TV Rio e Globo (quando a programação era local) — e pela Rádio Nacional, antes de mudar-se, em maio de 1968, para a cidade de São Paulo. Em 1966, estreia em livro com duas obras: *Música popular: um tema em debate* e *A província e o naturalismo*.

Morando em São Paulo, Tinhorão escreve para a revista *Veja* até 1973, passando então para a revista *Nova*, e em 1975, já como autônomo, envia da sucursal paulista suas duas colunas semanais para o *Jornal do Brasil*. Tais colunas, que durarão até 1981, granjearam ao pesquisador a pecha de "temido crítico musical".

Em 1980 Tinhorão vai a Portugal investigar a presença dos negros na metrópole. Desde então, seus livros passam a ser publicados também nesse país. Em 1999, prosseguindo em sua pesquisa de jornais carnavalescos no Brasil, solicita pela primeira vez em sua carreira uma bolsa: para o mestrado em História Social na Universidade de São Paulo. A tese dá origem ao livro *Imprensa carnavalesca no Brasil: um panorama da linguagem cômica*.

Grande pesquisador de sebos no Brasil e alfarrabistas em Lisboa, Porto e Braga, o autor reuniu importante coleção de discos, partituras, periódicos, livros e imagens sobre a cultura brasileira, cujo acervo passou, em 2000, ao Instituto Moreira Salles, de São Paulo. Criado em 2001, o Acervo Tinhorão se encontra atualmente disponível a pesquisadores e interessados.

ESTE LIVRO FOI COMPOSTO EM SABON
PELA BRACHER & MALTA, COM CTP
DA NEW PRINT E IMPRESSÃO DA GRA-
PHIUM EM PAPEL CHAMBRIL BOOK 75
G/M² DA INTERNATIONAL PAPER PARA
A EDITORA 34, EM DEZEMBRO DE 2014.